Der Unterrichtseinstieg

Von

Thomas Brühne & Petra Sauerborn

Schneider Verlag Hohengehren GmbH

Titelgrafik: Roswitha Brühne, Idstein
Illustration Einband: Dennis Nußbaum, Koblenz

Gedruckt auf umweltfreundlichem Papier (chlor- und säurefrei hergestellt).

Bibliografische Information der Deutschen Nationalbibliothek

Die Deutsche Nationalbibliothek verzeichnet diese Publikation in der Deutschen Nationalbibliografie; detaillierte bibliografische Daten sind im Internet über ›http://dnb.d-nb.de‹ abrufbar.

ISBN 978-3-8340-0995-1 – **5. unveränderte Auflage**
Schneider Verlag Hohengehren GmbH, 73666 Baltmannsweiler
Homepage: www.paedagogik.de

Inhalt

Vorwort

„Bevor man beginnt, bedarf es der Überlegung, und sobald man überlegt hat, rechtzeitiger Ausführung."

(Gaius Sallustius Crispus, 86 v. Chr. - 35 v. Chr.)

Aller Anfang ist schwer! Aber: ein gut überlegter Anfang ist sicherlich noch schwieriger, insbesondere dann, wenn es sich um den Beginn einer Unterrichtsstunde handelt. Jede Lehrperson wird tagtäglich mehrmals vor die Situation gestellt, einen Unterrichtseinstieg in ein neues oder bereits begonnenes Thema zu erfinden. Bei der Konzeption des Unterrichtseinstiegs sind im Vorfeld zahlreiche schwierige didaktische Fragestellungen zu berücksichtigen: Mit welchem Unterrichtsmaterial bzw. Medium soll der Unterricht begonnen werden? Welche Verfahrensweise, Sozialform oder Aktionsform eignet sich für den Unterrichtseinstieg? Wie sieht ein gelungener Unterrichtseinstieg überhaupt aus? Welcher Unterrichtseinstieg ist konform mit dem zu behandelnden Unterrichtsgegenstand? Welche Arten des Unterrichtseinstiegs existieren? Gibt es grundlegende Unterschiede bei Unterrichtseinstiegen? Damit ein Unterrichtseinstieg gelingt, sind grundsätzlich Neugierde und Interesse bei den Schülerinnen und Schülern zu wecken – doch wie können diese in angemessene Lernstimmung versetzt werden? Die Schülerinnen und Schüler sollen durch den Unterrichtseinstieg erkennen, warum eine interessierte und aufmerksame Auseinandersetzung mit dem Thema wichtig ist. Transparenz über die Verfahrensweise ist hier ein bedeutendes Merkmal erfolgreichen Unterrichtens. Nur so erhalten die Schülerinnen und Schüler einen Überblick über ihren Lernprozess und verfallen nicht durch sogenannten Überraschungsunterricht in Langeweile oder Irritation. Um bei Schülerinnen und Schülern Lernmotivation zu erzeugen, sind vorausgehende Unterrichtsbeobachtungen und eine gute Kenntnis der Lerngruppe von großer Bedeutung. Offene und anregende Lernarrangements zu Beginn einer Unterrichtsstunde wecken ebenso die Motivation der Schülerinnen und Schüler wie aktuell-thematisierte Anlässe aus der medial geprägten Lebens- und Alltagswelt. Das vorliegende Werk erörtert viele dieser Fragen und dient als didaktisch-methodisches Handbuch für alle diejenigen Lehrenden, die das Problem kennen, einen guten Unterrichteinstieg zu finden.

Thomas Brühne & Petra Sauerborn,
Oktober 2011

Die oftmals langwierige Entscheidung über die Art und Weise des Unterrichtseinstiegs entscheidet sich während der häuslichen Unterrichtsvorbereitung der Lehrkraft. Dabei sollte sich die Lehrperson über den Sinn und Zweck der gesamten Einstiegsphase bewusst werden und den Unterrichtseinstieg auf Konformität mit dem weiteren Unterrichtsverlauf prüfen. Unterrichtseinstiege, die zwar in ihrem Aufbau spannungsgeladen und spektakulär sind, an das eigentliche Thema der Unterrichtsstunde jedoch nicht angemessen anknüpfen, erscheinen grundsätzlich ungeeignet. Die Anfangsmotivation der Schülerinnen und Schüler neigt sich mindestens genauso schnell dem Ende, wie diese durch die ersten Minuten des »Zaubereinstiegs« erzeugt werden konnte. „Ein interessanter und motivierender Unterrichtseinstieg führt zu Enttäuschung und Frustration bei den Schüler(inne)n, wenn ein ansonsten trockener Unterrichtsablauf folgt, der die geweckten Interessen nicht aufnimmt und kultiviert" (GUDJONS 1999, S. 13). Das Eingangsverhalten (Vorkenntnisse, Einstellungen, Verhalten, Motive) der Lernenden vor Beginn einer jeden Unterrichtsstunde oder eines gesteuerten Lernprozesses bildet den Ausgangspunkt des Unterrichtens. Deshalb kann der Unterrichtseinstieg mit dem ersten Zug eines Schachspiels verglichen werden: Auch hier kann der Beginn der Partie für deren Erfolg oder Misserfolg entscheidend sein (SCHNEIDER 1999). In diesem Zusammenhang lassen sich erste didaktische Funktionen von Unterrichtseinstiegen anführen. Die Aktivierung der Vorkenntnisse und Vorerfahrungen der Schülerinnen und Schüler, die Verknüpfung des schon Bekannten mit neuen Lerninhalten und die Anregung der Motivation des Lernenden verdeutlichen die Vielschichtigkeit an didaktischen Anforderungen eines Unterrichtseinstiegs. Spätestens nach dem Unterrichtseinstieg muss für den Lernenden erkennbar geworden sein, dass der Unterrichtsstunde eine didaktisch-methodischen Zielsetzung zu Grunde liegt und ein für ihn zuträglicher Lernprozess in Gang gesetzt worden ist. Nach MEYER ist Unterricht dann „klar strukturiert, wenn das Unterrichtsmanagement funktioniert und wenn sich ein für Lehrer und Schüler gleichermaßen gut erkennbarer „roter Faden" durch die Stunde zieht" (2004, S. 26). Der rote Faden ermöglicht den Schülerinnen und Schülern an jeder Stelle des Unterrichts eine Selbstkontrolle ihres Lernprozesses und erzeugt ein hohes Maß an transparenter Leistungsanforderung. Eine strikte Phasentrennung des Unterrichts kann dem Lernenden das Lernen erleichtern.

Der Unterrichtseinstieg ist mit der Einleitung eines Buches vergleichbar und kann maßgeblich über den didaktischen Verlauf einer Unterrichtsstunde entscheiden. Mit dem Unterrichtseinstieg wird eine Lernsituation geschaffen, die die Lernstruktur des folgenden Unterrichtsgeschehens maßgeblich beeinflusst. Der Unterrichtseinstieg erzeugt zentrale Voraussetzungen für die Motivation der Schülerinnen und Schüler, sich mit dem Unterrichtsthema ernsthaft auseinanderzusetzen und mobilisiert die hierzu erforderlichen geistigen und emotionalen Fähigkeiten und Fertigkeiten. Ein anfänglich gewecktes Interesse am Unterrichtsthema kann sich positiv auf die ganze Unterrichtsstunde oder den gesamten Verlauf einer Lerneinheit auswirken. Doch wie präsentiert ein Lehrender am besten den Lerninhalt, um die Aufmerksamkeit und das Interesse der Lernenden zu Beginn des Unterrichts zu fokussieren? Was macht die Schülerinnen und Schüler neugierig und wissbegierig auf den Inhalt der Unterrichtsstunde? Wie erzeugt die Lehrerin bzw. der Lehrer Spannung und Motivation? Wie gelingt ein sachbezogener und durchstrukturierter Einstieg in den Unterricht? Welche Kriterien guten Unterrichts sind für Unterrichtseinstiege relevant?

Gegenüber allen anderen Unterrichtsphasen (wie Informations-, Anwendungs-, Übungs-, oder Reflexionsphase) kommt dem Unterrichtseinstieg eine Schlüsselstellung in der didaktischen Planung zu. In den ersten Minuten der Unterrichtsstunde können richtungweisende lernpsychologische Akzentuierungen gesetzt werden. Um Interesse und Aufmerksamkeit für eine Unterrichtsstunde bei Schülerinnen und Schülern zu wecken, ist der Unterrichtseinstieg elementar wichtig, denn durch die anfängliche Motivation kann erst die Grundlage für das weitere Interesse am Lerngegenstand initiiert werden. In allen Schulfächern gilt die Prämisse, dass in den ersten Minuten des Unterrichtens die Akzeptanz der Lernenden immer wieder neu errungen werden muss (HOPPENWORTH 1992). Im Sinne motivationspsychologischer Lernförderung gilt der Unterrichtseinstieg damit als das erste bearbeitende Element eines Themas zum Zwecke seiner weiteren Bearbeitung. Die Schülerinnen und Schüler sollen sich mit dem Unterrichtseinstieg insbesondere wegen seiner damit verbundenen herausfordernden Frage- oder Problemstellung auseinandersetzen, somit praktisch in das Thema hineinstolpern (WAGENSCHEIN 1975). Die Vernachlässigung des Unterrichtseinstiegs kann zu einer regelrechten Demotivation bei den Lernenden führen und entzieht der Unterrichtsstunde zudem wichtige Elemente an grundlegender Lernstruktur. Viele Praktiker nennen oftmals Zeitprobleme und den zunehmenden Arbeitsaufwand als Argumentation für die Vernachlässigung von didaktischen Planungselementen. Dabei wird jedoch gleichsam der Aspekt vernachlässigt, dass ein motivationsfördernder Unterrichtseinstieg ebenso die Eigenaktivität und Handlungsbereitschaft der Schülerinnen und Schüler fördern kann, was wiederum ein Zeitgewinn und eine Arbeitsentlastung in einer anderen Phase des Unterrichts bedeuten kann. Zudem können neue didaktische Impulse auch für die Lehrenden eine willkommene Abwechslung zum Unterrichtsalltag bedeuten. PARADIES & MEYER vertreten die Ansicht, dass „gerade jene Einstiege ankommen, bei denen der Grad der Schüler-Selbsttätigkeit hoch ist. Das kostet [gegebenenfalls anfangs mehr] Zeit, bringt aber Ruhe und Konzentration in den Unterricht" (1996, S. 10). Der Unterrichtseinstieg darf und kann folglich nicht reduziert werden auf ein „Anhängsel des Unterrichtsinhalts" (ebd., S. 17), sondern ist eine eigenständige Phase mit zentralen didaktischen Funktionen für den darauf folgenden Lernprozess.

In der Literatur finden sich wenige Informationen zu den didaktischen und psychologischen Grundlagen des Unterrichtseinstiegs. Bei dem Themengebiet handelt es sich um ein allgemeinpädagogisches sowie fachdidaktisches Forschungsdesiderat. In der allgemeindidaktischen und -pädagogischen Literatur (MEYER 1987a; 1987b; 2003; 2004, HELMKE 2008; 2010) wurden die theoretischen und konzeptionellen Grundlagen des Themas Unterrichtseinstieg bislang nur ansatzweise herausgearbeitet. Im unmittelbaren Kontext des Themas ist das von GREVING & PARADIES veröffentlichte Werk »Unterrichts-Einstiege« aus dem Jahre 1996 erwähnenswert. Dem Lehrwerk liegt jedoch eine abweichende didaktische Intention zu Grunde: „Die Kernfrage dieses Buches lautet nicht, ‚Wie beginne ich eine Unterrichtsstunde?', sondern es geht uns in erster Linie um die methodischen Möglichkeiten zur Eröffnung einer neuen thematischen Einheit und deren didaktischen Konsequenzen" (GREVING & PARADIES 1996, S. 15). Darüber hinaus findet sich bei MEYER in der 1987 veröffentlichten Publikation zu den »Unterrichtsmethoden II« ein Kapitel zum Unterrichtseinstieg mit einer theoretischen sowie praktischen Funktionsbestimmung. PARADIES & MEYER veröffentlichten einen gemeinsamen Aufsatz in der Zeitschrift Pädagogik (PARADIES & MEYER 1992), in welchem sie ihre Überlegungen zum Unterrichtseinstieg zusammenführen. Obwohl der Unterrichtseinstieg ein zentrales Planungselement des Lehrens und Lernens ist oder sein sollte, existieren kaum fundierte empirische Forschungen zu Unterrichtseinstiegen. „Wir wissen zwar, daß in 75 Prozent aller Fälle der Unterricht frontal beginnt, daß nur 8 Prozent der Einstiege als LehrerInnenvortrag, aber 49 Prozent in Form von Unterrichtsgesprächen (insbesondere in Form von katechisierenden Wiederholungen) gestaltet werden [...], aber wir wissen so gut wie nichts über die tatsächliche Effektivität unterschiedlicher Einstiegsformen" (PARADIES & MEYER 1992, S. 7). In diesem Zusammenhang vertreten PARADIES & MEYER gleichzeitig die Ansicht, dass Unterricht viel zu komplex sei, „als daß er durch die Rationalisierung eines Teilaspektes in den Griff genommen werden könnte" (PARADIES & MEYER 1992, S. 8).

Unterrichtsstunden werden heute aus dem Blickwinkel der Lernpsychologie als dynamische Lernprozesse betrachtet. In der Literatur kristallisieren sich konstruktivistische Lehr- und Lerngedanken als gemeinsame didaktische Grundelemente von Unterricht heraus (ARNOLD 2007, REICH 2010). Um dem kompetenzorientierten Paradigma von Unterricht entsprechen zu können, werden Lernprozesse heute wieder stärker in längere Unterrichtsphasen zerlegt. Insbesondere den lernaktivierenden Momenten des Unterrichts (Unterrichtseinstieg, Erarbeitungsphase) kommt ein vergleichsweise höherer Stellenwert zu, da durch diese Schülerinnen und Schüler zum selbstgesteuerten Lernen und Handeln angeregt werden sollen. Die Zerlegung der Unterrichtsstunde in einzelne Phasen soll dem Lernenden Einsichtigkeit und Nachvollziehbarkeit in seine Lernumgebungen bringen. Der Gedanke, Unterricht in Handlungsfolgen zu unterteilen, ist grundsätzlich nicht neu und pflegt eine pädagogische Tradition, die sich bis Johann Friedrich Herbart (1776 - 1841) zurückverfolgen lässt (MEYER 1987a). In seiner sogenannten Theorie der Formalstufen sprach er durchweg von Artikulation des Lehrens (lat. articulatio = Gliederung).

Die über die Jahre erschienenen Stufenschemata bzw. Phaseneinteilungen von Unterricht sind in der Praxis auf Kritik gestoßen, da im Schulalltag eigentlich Abstand von starren theoretischen Vorgaben gesucht wurde, wie man sie bereits aus der Diskussion um die Operationalisierung von Lernzielen samt der daraus interpretierten Kleinschrittigkeit des Lehrens kannte. Die Kritik ist aus wissenschaftlicher Sicht teilweise unberechtigt, denn mit der Theorie sollten keine starren Schemata des Unterrichtens vorgegeben werden. Vielmehr ging es darum, sinnvolle Strukturierungshilfen zu offerieren, um für den Lernenden einen gleichermaßen klar erkennbaren und transparenten Lernweg zu erschaffen. „Ein Schema für den Stundenablauf darf grundlegend nicht als starres methodisches Gerüst verstanden werden" (RINSCHEDE 2007, S. 245). Bezüglich der Einteilung des Unterrichts in Phasen finden sich in der Literatur viele unterschiedliche Ansätze. Ein traditionsreiches Phasenmodell stammt beispielsweise von SEEL (1969), der in seinen damaligen Überlegungen von so genannten Hauptphasen des Unterrichts ausging (vgl. Abbildung 1).

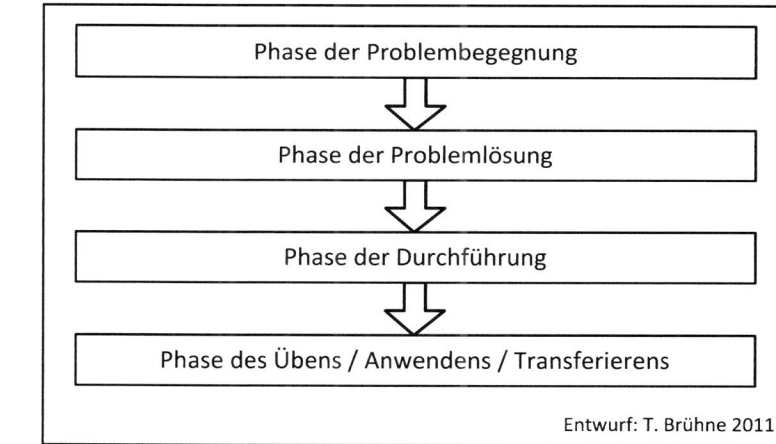

Abbildung 1: Phasenablauf von Unterricht nach SEEL (1969).

Die allgemeingültige Phasierung von Unterricht ist derzeit weit verbreitet und stößt auf breite Resonanz im Unterrichtsgeschäft. Auch der bekannte pädagogische Psychologe Heinrich ROTH (1963) schlug seinerzeit ein sechsstufiges Modell des Unterrichtens vor und legte ebenfalls besonderen Wert auf die sogenannte Stufe des Problembewusstseins. In dieser seines Erachtens wichtigsten zweiten Einstiegsstufe des Phasenmodells soll das durch den Lehrer aufgezeigte Problem in den Fragehorizont der Schülerinnen und Schüler gebracht werden. Die Schülerinnen und Schüler sollen hierbei erkennen, dass die weitere Bearbeitung des Themas im Unterricht einen Vorteil für sie hat. Seit den 1970er Jahren sind eine kaum überschaubare Anzahl an Phasenmodellen oder Artikulationsschemata erforscht worden, die derzeit bis zu modernen instruktionspsychologischen Lernalgorithmen (KLAUER & LEUTNER 2007) reichen. Auch auf Seiten der Fachdidaktiken entwickelten sich differenzierte fachspezifische Phasenmodelle, um den fachdidaktischen und fachmethodischen Prinzipien gerecht werden zu können. Für den Erdkundeunterricht schlägt RINSCHEDE (2007, S. 245 u. 315) in Anlehnung an die Artikulationstheorie beispielsweise ein differenziertes Phasenmodell vor, indem er die räumliche Verortung des Lerngegenstands als eigene Phase des Unterrichts deklariert (vgl. Abbildung 2).

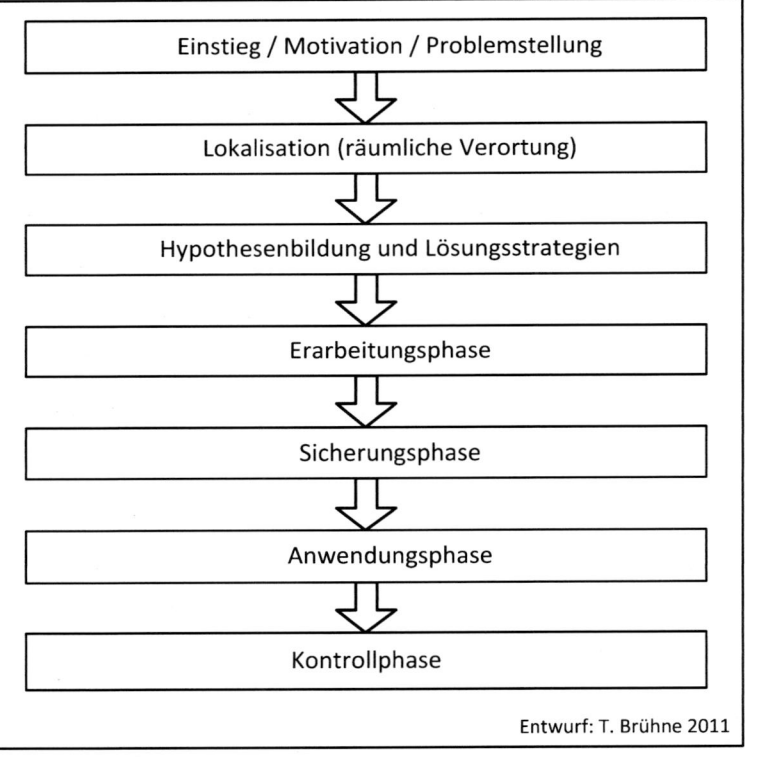

Entwurf: T. Brühne 2011

Abbildung 2: Phasenablauf von Erdkundeunterricht nach RINSCHEDE (2007).

Auch die politische Bildung (MASSING 2007, S. 206 f.) bietet ein eigenständig auf den Kompetenzbereich der Beurteilung und Bewertung optimiertes Phasenmodell für den Politik- bzw. Sozialkundeunterricht an. Die für die politische Bildung vorgeschlagene Phasenstruktur wirkt auf den ersten Blick nachvollziehbar, sofern man weiß, dass die verspätete Problematisierung des Unterrichtsgegenstands dem schrittweisen Erreichen des übergeordneten Leitziels einer politischen Urteilsbildung dient. Bei diesem beispielhaften Phasenmodell wird deutlich, dass sich die Phase des Problematisierens daher auf gesellschaftliche Problemsituationen beziehen sollte und weitaus anspruchsvoller ist als das allgemeine pädagogische Problematisieren durch die Lehrkraft während des Unterrichtseinstiegs (vgl. Abbildung 3).

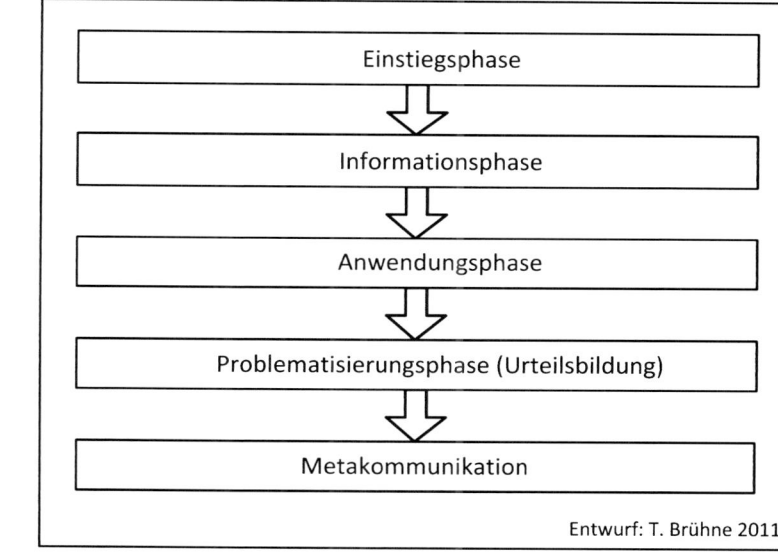

Abbildung 3: Phasenablauf von Politikunterricht nach MASSING (2007).

Die exemplarisch angeführten Artikulationsschemata versuchen, den didaktisch-methodischen Verlauf des Unterrichts zu modellieren, um „subjektive Bedürfnisse und Lernvoraussetzungen der Schüler mit den objektiven Ansprüchen der gestellten Lernaufgabe und den Handlungsmöglichkeiten des Lehrers" (MEYER 1987a, S. 132) zu verknüpfen. An dieser Stelle ließen sich sicherlich weitere allgemeine oder fachdidaktische Artikulationsschemata auflisten, sodass eine weitgehende Heterogenität im Hinblick auf die Akzentuierung der Unterrichtsschritte festgestellt werden kann. Bei genauerer Betrachtung unterscheiden sich sämtliche Artikulationsmodelle jedoch nur unwesentlich voneinander. Die modellhaft abgebildeten Unterrichtsphasen beginnen allesamt mit einer Einstiegsphase, der je nach fachlicher Intention unterschiedliche Funktionen zukommen. Nachdem die Schülerinnen und Schüler dann diese erste Phase des Unterrichtseinstiegs durchdrungen haben, folgt die Erarbeitungsphase. Die Unterrichtsstunde wird schließlich dadurch zum Ende geführt, dass die zuvor erarbeitenden Ergebnisse gesammelt, gesichert, reflektiert, eingeübt oder angewendet werden. Abbildung 4 veranschaulicht die wesentlichen Gemeinsamkeiten der Phasenabfolgen von Unterricht. In diesem Zusammenhang spricht MEYER (1987b) von einem sogenannten methodischen Grundrhythmus von Unterricht. Der von MEYER (1987b) ebenfalls als methodischer Gang des Unterrichts beschriebene Grundrhythmus basiert auf den drei Elementen Einleitung, Hauptteil und Schluss. Hierbei gibt MEYER zu bedenken, dass „eine allgemeingültige lerntheoretische Begründung des Unterrichtsganges [nicht möglich sei]. Die richtige Schrittfolge muß vielmehr für jedes Unterrichtsthema und für jede Schulklasse neu und unter Beachtung der Handlungsspielräume des Lehrers bestimmt werden" (MEYER 1987b, S. 108). Zusammenfassend kann festgehalten werden, dass der Unterrichtseinstieg ein elementarer Bestandteil jeglichen Planens sowie Handelns im Unterricht ist und deshalb eine ausführliche didaktische Grundlegung notwendig erscheint, „denn an jedem Schulvormittag werden in der BRD von den schätzungsweise 700.000 LehrerInnen circa drei Millionen Unterrichtseinstiege praktiziert" (PARADIES & MEYER 1992, S. 7).

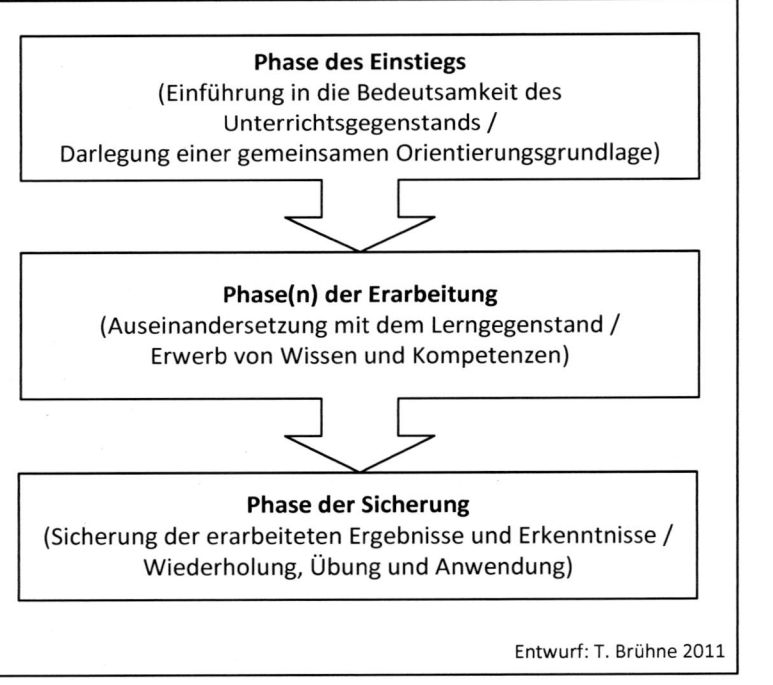

Abbildung 4: Allgemeingültiger Phasenablauf von Unterricht.

Trotz der wenigen Publikationen zum Themengebiet finden sich auch einige kritische Sichtweisen zu Unterrichtseinstiegen. GRELL & GRELL (2000) plädieren für einen regelrechten Verzicht auf jede anfängliche Motivationsspielerei und präferieren den so genannten Informierenden Unterrichtseinstieg. Das Konstrukt des Informierenden Unterrichtseinstiegs basiert auf der Annahme, dass sich Schülerinnen und Schüler durch mit Methoden- und Medienaufwand gestaltete Unterrichtseinstiege prinzipiell nicht motivieren lassen. Nach GRELL & GRELL (2000) sollte die Lehrperson auf jeglichen Überraschungseffekt oder Frageimpuls verzichten und den Schülerinnen und Schüler mittels klaren und stringenten Argumenten darlegen, worauf sie in der Unterrichtsstunde letztlich hinaus möchte. SCHMIDT-WULFFEN (1999) vertritt sogar die kontroverse Ansicht, dass sich Schülerinnen und Schüler von außen nicht motivieren lassen und fordert deshalb ein Motivationsverbot. Der radikal wirkende Informierende Unterrichtseinstieg scheint unseres Erachtens eine Möglichkeit des Unterrichtseinstiegs zu sein, birgt jedoch zahlreiche didaktische Diskrepanzen in sich. Der Informierende Unterrichtseinstieg mag zwar ein hohes Maß an Lerntransparenz hervorrufen, welche aus Sicht der Unterrichtsforschung derzeit sogar ein eigenständiges Kriterium für guten Unterricht darstellt. Insgesamt erlaubt dieser Unterrichtseinstieg aber kaum Beteiligungsmöglichkeiten der Schülerinnen und Schüler, womit der Bezug zur einseitigen Vermittlungsdidaktik (Instruktivismus) nahe liegt. Der Informierende Unterrichtseinstieg zieht einen stark kognitiv orientierten Unterrichtsverlauf mit einem hohen Grad an Lehrerzentrierung nach sich und eignet sich weniger für einen auf Motivation, Handlungs- und Schülerorientierung abzielenden Unterrichtsverlauf (vgl. MEYER 1987b, GREVING & PARADIES 1996, GUDJONS 1999).

1.2   Stundeneröffnungen und Rituale

Stundeneröffnungen sind ritualisierte Vorgänge der ersten Minuten in der Klasse, die das Ziel einer gegenseitigen Begrüßung, körperlich-seelischen Entspannung, Anwesenheitskontrolle oder sonstiger organisatorischer Klärungen und Bekanntmachungen verfolgen. Nach GREVING & PARADIES (1996) bestehen Stundeneröffnungs-Rituale aus stets wiederkehrenden und verkürzten Handlungen in der Lerngruppe. Gemeinsam ist allen Eröffnungsritualen das Prinzip der Vorphase zur bevorstehenden fachlichen Intention. HOPPENWORTH (1992) spricht diesbezüglich von einem »Ausstieg in den Einstieg«: „Schüler und Lehrer steigen aus einem je individuellen Themenhorizont aus und in den thematischen Kontext der Anfangssituation ein. Dies geschieht nicht sofort und umfassend, sondern partiell, in Stufen und Phasen – oder gar nicht. Es gibt insgesamt so viele Ausstiege wie Schüler in der Klasse, und es bedarf schon eines gewissen Optimismus, wenn ein Lehrer in sein Thema einsteigt und glaubt – dem Rattenfänger von Hameln ähnlich – alle folgen ihm: Viele Schüler würden durchaus gerne folgen, wagen dies aber nicht öffentlich zu zeigen, weil ihre Loyalität die Aufstellung in der Fußballmannschaft oder eine Einladung zu einer bevorstehenden Party gefährdet. Andere denken gar nicht daran auszusteigen, bestenfalls spielen sie den Ausstieg gekonnt. [...] Oft sind Einstiege daher weniger didaktisch-methodische

Arrangements als latente Friedensabkommen" (HOPPENWORTH 1992, S. 35). LANG-HAMMER (1999) schlägt in diesem Zusammenhang mündliche Minutenspiele als eine Art Konzentrationsübung vor, um zu Beginn einer Unterrichtsstunde die notwendige Konzentration der Lerngruppe sicher zu stellen und Motivationen frei setzen zu können. SCHNEIDER definiert den Unterrichtseinstieg als „immer wiederkehrendes Ritual zur Eröffnung einer Unterrichtsstunde oder einer Unterrichtsreihe" (ebd., S. 23) und verwendet dabei die didaktischen Elemente Ritualisierung und Unterrichtseinstieg synonym. „Die Stundeneröffnung ist ein Ritual!" (PARADIES & MEYER 1992, S. 7). Abbildung 5 listet die wesentlichen didaktischen Funktionen von Stundeneröffnungen auf.

Didaktische Funktionen von Stundeneröffnungen

- o   Selbstvergewisserung als Lehrperson: »Jetzt beginnt für mich der Unterricht«
- o   Erzeugung einer ruhigen und entspannten Lernatmosphäre
- o   Disziplinierung der Lerngruppe als Grundlage einer erfolgreichen und effektiven Zusammenarbeit
- o   Integration neuer Schülerinnen und Schüler sowie Situationen in die Klassengemeinschaft
- o   körperlich-seelische Einstimmung auf den Unterricht
- o   Klärung dringender Anliegen
- o   Besprechung organisatorischer Dinge
- o   Ritualisierung des Klassenverbands (der wiederkehrende Ablauf eines Rituals wirkt beruhigend und disziplinierend auf die Schülerinnen und Schüler)

Abbildung 5: Didaktische Funktionen von Stundeneröffnungen.

Bei einigen Lerngruppen liegt es nahe, zu Beginn einer Unterrichtsstunde ein immer wiederkehrendes Ritual einzuführen. Die ritualisierte Wiederholung gibt den Schülerinnen und Schülern Sicherheit und Konzentration für den anstehenden Lernprozess. Zudem ermöglichen Ritualisierungen zu Beginn des Unterrichts ein schnelles Einfinden in die Unterrichtssituation. Dies kann in Form eines Spiels, eines Lieds oder einfach nur der Besprechung aktueller Situationen und Anlässe erfolgen. Zudem können bestimmte Sitzordnungen wie die Kreissituation ritualisierend wirken. Rituale schaffen Ruhe, Ordnung und Verlässlichkeit für Schülerinnen und Schüler sowie für die Lehrperson (MEYER 2004). Außerdem helfen sie, die Beziehung zwischen der Lehrperson und den Schülerinnen und Schülern zu klären und somit Rollenkonflikten vorzubeugen. Die am Anfang einer Unterrichtsstunde eingesetzten und inszenierten Rituale verdeutlichen den Schülerinnen und Schülern, dass der Unterricht beginnt und somit die volle Konzentration von ihnen gefordert wird. Bei den ritualisierten Stundeneröffnungen geht es weniger um thematisch-inhaltliche Eröffnung des Lernprozesses als vielmehr um die Wahrung kultureller Werte und Normen sowie die pädagogische Organisation des Klassenverbands. Stundeneröffnungen, sprich der rituälisierte Beginn des Unterrichtens, erhalten damit einen starken pädagogischen Nutzwert für den anschließenden Unterrichtsverlauf. Besonders die gegenseitige Begrüßung vermittelt den Schülerinnen und Schülern wichtige kulturelle Werte und Normen unserer Gesellschaft und bereitet sie auf das spätere Berufs- und Alltagsleben vor. Stundeneröffnungen dienen dem Zweck, die Lernbereitschaft der Schülerinnen und Schüler zu wecken. „Dies kann mit obrigkeitsstaatlichen Methoden (wie dem Still-Stehen zu Stundenbeginn), aber auch mit einfühlsam-schülerorientierten Verfahren (wie dem Morgenkreis […]) geschehen" (PARADIES & MEYER 1992, S. 7). GREVING & PARADIES (1996) schreiben den Stundeneröffnungsritualen eine integrierende Funktion für den Lernprozess zu und differenzieren in Stundeneröffnungsrituale und Übungen zum stofflichen Aufwärmen.

1.3   Definition des Unterrichtseinstiegs

Im Kontext des Unterrichtseinstiegs sind viele Begriffe, aber wenige klare Definitionen ersichtlich: Stundenanfänge, Motivationsphase, Anfangsphase, Eröffnungsphase, Hinführungsphase, Problematisierungsphase, Initialphase und Anfangssituation. Die Verwendung der Silbe »Phase« stiftet zwar auf den ersten Blick wenig Verwirrung, dennoch wirken einige dieser Begrifflichkeiten bei näherer Betrachtung irreführend und können im wissenschaftlichen Sinne zudem als unpräzise deklariert werden. Die Problematisierungsphase ist beispielsweise vielmehr eine methodische Auslegung des Unterrichtseinstiegs. Darüber hinaus ist eine Motivationsphase kaum mit dem Unterrichtseinstieg gleichzusetzen, denn durch diesen kann erst die Motivation des Lernenden hervorgerufen werden. PARADIES & MEYER (1992) sprechen im Kontext des Unterrichtseinstiegs von drei Typen des Einstiegs und differenzieren nach Stundeneröffnungs-Ritualen, Beteiligungsritualen und thematischen Einstiegen. Die sogenannten Beteiligungsrituale werden wie folgt beschrieben: „Bei diesem Einstiegs-Typus geht es darum, die SchülerInnen über den geplanten Unterricht zu informieren und/oder sie in die Planung einzubeziehen" (PARADIES & MEYER 1992, S. 7). Die Verwendung der Begriffe Stundeneröffnungs-Rituale sowie Beteiligungsrituale wirkt etwas unglücklich, da dadurch die didaktische Bezugsebene des Unterrichtseinstiegs nicht deutlich herausgearbeitet wird. Unterrichtseinstiege werden somit in der Literatur selten explizit definiert oder definitorisch abgegrenzt. GREVING & PARADIES (1996) erwecken mit ihren Ausführungen zudem den Anschein, die drei Ebenen Stundeneröffnung, Unterrichtseinstieg sowie den thematischen Einstieg nicht explizit voneinander zu unterscheiden. MEYER unterscheidet zwar die Begriffe Stundeneinstieg und Einstieg in ein neues Thema, benutzt diese dann später „aus reinen Platzgründen" (1987b, S. 122) jedoch synonym. Mit dem darüber hinaus verwendeten Begriff des Stundenanfangs stiftet MEYER (1987b) in seinem Methodenhandbuch Verwirrung. Die in der Literatur teilweise vorgenommene Synonymverwendung von Stundeneröffnungen und Stundeneröffnungs-Ritualen mit der Phase des Einstiegs sowie den Unterrichtseinstiegen ist aus dem wissenschaftlichen Blickwinkel vage und kann in der Praxis zu didaktisch-methodischen Fehlinterpretationen führen. Somit erscheint eine Definition des Unterrichtseinstiegs samt Zuweisung von didaktischen Bezugsebenen notwendig:

Der Unterrichtseinstieg bildet den ersten thematischen Moment des Unterrichts und gewährt allen Beteiligten einen Einblick in den weiteren Verlauf des dadurch initiierten Lernprozesses.

Die tabellarisch dargestellte funktionelle Abgrenzung zwischen Stundeneröffnung, Unterrichtseinstieg und thematischem Einstieg soll das Problem der Synonymverwendung in der Theorie sowie auch in der praktischen Anwendung entschärfen. Tabelle 1 beleuchtet die drei didaktischen Strukturebenen aller mit der Phase des Unterrichtseinstiegs verbundenen Handlungsmöglichkeiten und gibt einen ersten Überblick in die unterschiedlichen Funktionen des Unterrichtseinstiegs.

Tabelle 1: Übersicht der Strukturebenen der Phase des Unterrichtseinstiegs.

Struktur-ebene / Element	Mikroebene	Mesoebene	Makroebene
	Stundeneröffnung	Unterrichtseinstieg	thematischer Unterrichtseinstieg
Beispiele	Begrüßung; Kontrolle der Anwesenheit Gespräche zwecks Streitschlichtung	Stummer Impuls; Betrachtung eines Fotos; Einsatz eines originalen Gegenstands	Zeigen einer Filmsequenz; Lehrervortrag Brainstorming mit Mindmapping
Merkmal	teilweise nicht vorhersehbar	didaktisch inszeniert	durch Sachstruktur vorgegeben
Funktionen für den Lernprozess	stärkere pädagogische Funktionen (Organisation des Klassenverbandes)	stärkere lernpsychologische Funktionen (Motivation und Mobilisierung des Lernenden)	stärkere thematische Funktionen (Strukturierung des Lerngegenstands, Informationsdarbietung)

In der Unterrichtspraxis werden die drei Elemente häufig vertauscht bzw. in eine gemeinsame Unterrichtsphase gebündelt. Besonders wichtig zu beachten ist hierbei, dass die Mikroebene der Stundeneröffnung ausschließlich pädagogisch begründet werden kann und zwangsläufig möglichst unmittelbar zur Mesoebene oder Makroebene im Unterricht (didaktische Begründung) führen sollte. Die Stundeneröffnung bedingt durch das ritualisierte Vorgehen der Lerngruppe den thematisch-inhaltlichen

Unterrichtseinstieg, womit die Unterrichtsstunde in ihrem Verlauf beginnen kann. Der Unterrichtseinstieg (Mesoebene) spiegelt im direkten Vergleich mit dem thematischen Einstieg (Makroebene) am ehesten das tägliche Geschehen in der deutschen Bildungslandschaft wider, da die vorgegebenen Lehrplanthemen mittels schulinternen Curricula und Arbeitsplänen grundsätzlich in Unterrichtsreihen zusammengefasst werden und somit thematische Einstiege seltener vorgesehen sind.

1.4 Pädagogische Bedeutung von Unterrichtseinstiegen

Ein Einstieg im Alltag ist oftmals durch einen räumlichen oder situativen Szenenwechsel gekennzeichnet, wie beispielsweise der Einstieg in einen Zug, einen Bus oder ein Flugzeug. Die ausführende Person begibt sich an einen anderen Ort und tritt damit eine Art kurzfristige Reise an, die sie an unbekannte oder bekannte Räume bringen kann. Auf dieser Reise bildet das bereits Bekannte grundlegende Orientierungspunkte für das Unbekannte. In diesem Sinne bedeutet der Unterrichtseinstieg für den Lernenden einen Szenenwechsel in ein neues Unterrichtsthema oder einen neuen Unterrichtsinhalt. Der Unterrichtseinstieg sollte deshalb so konzipiert sein, dass er den Schülerinnen und Schülern Orientierungspunkte hinsichtlich bekannter Lerninhalte bietet und gleichzeitig den Zugang zur Erlangung von Kompetenzen sowie fachlichen Lernzielen ermöglicht. Insofern stellt der Unterrichtseinstieg den Antritt einer Reise zu neuen Lerninhalten und Fähigkeiten dar. „Der Unterrichtseinstieg ist – wie der Name schon sagt - dazu da, den Schülern den Einstieg in ein neues Thema bzw. eine neue Lernaufgabe zu erschließen. Er ist sozusagen das „Tor, durch das der Schüler in die neue Lern-Landschaft hinauswandert" (MEYER 1987b, S. 122).

HOPPENWORTH (1992) spricht von Unterrichtsanfängen und schreibt diesen drei zentrale pädagogische Bedeutungen zu. Der Unterrichtsanfang als Einstieg meint die heimliche Kontroll- und Suchbewegung in den ersten Unterrichtsminuten und wird von ihm verglichen mit einem kriminologischen Einstieg, beispielsweise dem Einstieg oder Einbruch in ein leer stehendes Haus. „Lehrer zerbrechen sich den Kopf darüber, wo und wie sie sicher – von Schülern unbemerkt – in deren Erfahrungs- und Themenhorizonte einsteigen können" (ebd.). Mit raffinierten Ablenkungsmanövern sowie seriösen Legitimationen beabsichtigt die Lehrperson, „ein bestimmtes Thema zu implantieren, von dem angenommen wird, daß die Betroffenen es bei vorzeitiger Bekanntgabe ablehnten" (ebd.). HOPPENWORTH (1992) betrachtet in Analogie zum traditionellen Bühnenstück im Theater den Unterrichtsanfang zudem als Eröffnung von Handlungssituationen sowie als Hinführung zu unbekannten Wissensgebieten der Schülerinnen und Schüler. „Zu Beginn der Stunde hebt sich ein (unsichtbarer) Vorhang, die Schüler harren in gespannter Erwartung dessen, was vom Lehrer arrangiert und manchmal mit Liebe zum Detail vorbereitet wurde" (ebd., S. 36).

In den ersten Minuten der Unterrichtsstunde werden wesentliche pädagogische Akzente gesetzt. Der Unterrichtseinstieg besitzt somit nicht nur kognitive Aspekte des Lernens, sondern hat gleichzeitig auch eine affektive, also auf Gefühle, Einstellungen und Werte bezogene Lerndimension. Beim Unterrichten geht es um einen Prozess der doppelseitigen Annäherung. Das Unterrichtsthema soll zum einen so aufbereitet werden, dass es den Lernenden in eine Lernsituation versetzt, in der er sich Inhalte möglichst selbsttätig aneignet. Andererseits soll sich der Lernende auch auf das Thema aktiv und möglichst selbstständig zubewegen. Die alltägliche Unterrichtspraxis lässt für diese doppelte Erschließung nicht immer einen aufwendigen Unterrichtseinstieg zu. Als weiteres pädagogisches Problem zeigt sich die Tatsache, dass Lehrerinnen und Lehrer oftmals nicht abwarten können, bis alle Schülerinnen und Schüler hinreichend motiviert sind. Zudem ist es schwierig, sämtliche Vorkenntnisse der Lerngruppe im Vorfeld in Erfahrung zu bringen und diese bei der Planung einer Unterrichtsstunde adäquat zu berücksichtigen. Insgesamt ist der Unterrichtseinstieg somit stark von den vorgegebenen Rahmenbedingungen des Lernens sowie den Umgangs- und Vermittlungsformen im Klassenverband abhängig.

Von Seiten der modernen Pädagogik wird das Lernen heute in erster Linie als aktiver, konstruktiver, situativer und sozialer Prozess verstanden. Die Schülerinnen und Schüler haben eigene Erfahrungen, Meinungen, Vorstellungen und Wünsche. Das komplexe Wissensgebilde der Lernenden unterliegt zusätzlich einem andauernden Wandel, da das Gehirn die Informationen ständig neu strukturiert. Es ist daher wichtig, die Dynamik von Lebenswelt und Kindererfahrungen im Unterricht angemessen zu berücksichtigen und die Einschätzungen, Fragen und Vermutungen der Lernenden in den Vordergrund der Unterrichtsplanung zu stellen. Das Lernen beinhaltet nicht nur die Aneignung von Wissen, sondern bewirkt auch Veränderungen im Verhalten, in Einstellungen, Fertigkeiten, Gefühlen, die durch die Interaktion eines Individuums mit der Umwelt entstehen. „Ein gelungener Einstieg zeichnet sich also darin aus, daß er die Interessen, das Alltagsbewußtsein, die Erfahrungen und die zukünftige Lebenspraxis der Schüler berücksichtigt und aufnimmt. Weiter sollte er einen handelnden Umgang mit dem neuen Thema ermöglichen und direkt in dessen zentrale Aspekte einführen" (FRANKE & SCHRAMKE 1985, S. 80).

Das Erlangen von Wissen über Verhaltensweisen sowie dessen Anwendung in Lehr- und Lernkontexten zielt darauf ab, den Menschen auf die Problemlösung in verschiedenen Lebenssituationen vorzubereiten. Die individuelle Ausprägung der dafür benötigten Fähigkeiten und Fertigkeiten wird durch allgemeingültige Kompetenzfacetten bestimmt wie Wissen, Kommunikation, Beurteilung, Verstehen, Handeln, Erfahrung und Motivation. Der Unterricht als zentrale Bildungskomponente soll der Entwicklung der grundlegenden Kompetenzbereiche sowie dem Aufbau kumulativen Wissens dienen. Der Unterrichtseinstieg gehört dabei zu den zentralen Bausteinen der Kompetenzorientierung, da er die Schülerinnen und Schüler in das neue

Thema eingeführt, ihnen einen inhaltlichen Überblick verschafft, methodische Vorgehensweisen anbahnt und neue Problem- und Fragestellungen für das anschließende Lernen aufwirft.

1.5 Unterrichtseinstiege als Bausteine von Kompetenzorientierung

Auf die Notwendigkeit von Unterrichtseinstiegen als didaktisches oder pädagogisches Element des Curriculums wird in den jeweiligen kultusministeriellen Vorgaben nicht explizit hingewiesen. In den bildungspolitischen Vorgaben der einzelnen Bundesländer werden vielmehr die pädagogischen und fachdidaktischen Aufgaben sowie Intentionen des Unterrichtens in der jeweiligen Schulform angeführt. Die dort benannten fachlichen Inhalte lassen sich jedoch auf die didaktische Determinante des Unterrichtseinstiegs projizieren. Neuerdings werden die bildungspolitischen Vorgaben um eine Vielzahl an Kompetenz- bzw. Methodenvorgaben ergänzt, wie fachspezifische Arbeitsformen und -techniken, die mit selbstständigem Arbeiten und Forschen des Lernenden einhergehen. Viele dieser kultusministeriellen Vorgaben lassen sich nur mit Hilfe eines auf die Lernintention ausgerichteten Unterrichtseinstiegs verwirklichen. Insgesamt wird deutlich, dass die erwarteten Kompetenzen des Lernenden eng mit den Merkmalen und Funktionen des Unterrichtseinstiegs korrespondieren.

In den vergangenen Jahrzehnten wurde versucht, die kaum zu bändigende Fülle an neuen Lerninhalten mit traditionellen lernpsychologischen Erkenntnissen und Zielvorgaben in Form von Lehrplänen, Richtlinien und curricularen Bestrebungen zu vereinen. Im Kontext des Bildungsbegriffs werden heute weniger die Lehr- und Lernziele aus der Sicht der Lehrperson betrachtet, sondern vielmehr die zahlreichen Kompetenzfacetten von Schülerinnen und Schülern in den Vordergrund des Lehrens und Lernens gestellt. Die Bildung eines Menschen wird auf Grundlage längerfristig kompetenzorientierter Lerninteraktionen begründet. Aus den Blickwinkeln traditioneller Bildungstheorien ist somit eine klare Verschiebung von materialer Bildung (Kenntnisse) hin zu formaler Bildung (Fähigkeiten und Fertigkeiten) diagnostizierbar. Was die Entwicklung des Kompetenzkonzepts innerhalb der Pädagogik anbetrifft, so zeigt sich ein begrifflicher Wandel von Qualifikationen und Schlüsselqualifikationen in den 1970/1980er Jahren hin zu Kompetenzen Ende der 1990er Jahre. Am 18. Februar 2003 wurde auf einer Fachtagung, welche das Deutsche Institut für Pädagogische Forschung (DIPF) ausrichtete, die vom Bundesministerium für Bildung und Forschung (BMBF) angeregte Expertise „Zur Entwicklung nationaler Bildungsstandards" (KLIEME et al. 2003) vorgestellt. Diese Vorstellung der Expertise führt seitdem dazu, dass sich der Bildungssektor mitten in einem Paradigmenwechsel befindet: »von der Input- zur Output-Orientierung«.

Die Formulierung von Kompetenzen in Form von Bildungsstandards für einzelne Fächer vereint grundlegende Zieldimensionen des jeweiligen Schulfachs über systematisch längere Zeiträume, stets unter Berücksichtigung einer schwer überschaubaren Fülle an zu erwartenden fachspezifischen Fähigkeiten und Fertigkeiten. Danach sind Kompetenzen „die bei Individuen verfügbaren oder durch sie erlernbaren kognitiven Fähigkeiten und Fertigkeiten, um bestimmte Probleme zu lösen, sowie die damit verbundenen motivationalen, volitionalen und sozialen Bereitschaften und Fähigkeiten, um die Problemlösungen in variablen Situationen erfolgreich und verantwortungsvoll nutzen zu können" (WEINERT 2001, S. 27 f.). Kompetenzen werden als Fähigkeiten beschrieben, die den Lernenden die Lösung bestimmter Probleme oder Situationen ermöglichen. Soziale Verhaltensweisen sowie systematische Formen des Lernens sollten dabei ebenfalls im Vordergrund des Lernens stehen. Diese Grundlagen, die den Kindern und Jugendlichen in der Schule vermittelt werden sollen, sind in neueren Lehrplänen als Kompetenzerwartungen, Kompetenzhorizonte oder Kompetenzdimensionen deklariert und unter dem Begriff der Kompetenzorientierung subsummiert. In den länderübergreifenden kultusministeriellen Vorgaben wird auf die Entwicklung übergreifender Kompetenzen besonderen Wert gelegt. Die gelungene Kombination aus fachlichen und fächerübergreifenden Kompetenzen soll den Kindern und Jugendlichen selbstständiges, lebenslanges Lernen sowie später die individuelle Gestaltung ihres Lebens gewährleisten. Fächerintegratives Lernen soll den Kindern und Jugendlichen ermöglichen, in Zusammenhängen zu denken und somit die erworbenen Kenntnisse im Alltag vernetzend nutzen zu können. Folgende übergreifende Kompetenzen sind dabei von Bedeutung:

- o Wahrnehmen und Kommunizieren,
- o Analysieren und Reflektieren,
- o Strukturieren und Darstellen,
- o Transferieren und handelnd Anwenden.

Zahlreiche Kompetenzen in den Lehrplänen der Bundesländer sind verbindlich, die Lerninhalte können hingegen nach wie vor von den Lehrkräften entsprechend der schuleigenen Curricula sowie Arbeitspläne ausgewählt und exemplarisch behandelt werden. Die Kern- oder Rahmenlehrpläne bieten den Lehrpersonen somit Orientierungen für den notwendigen Kompetenzaufbau unter inhaltlich-fachlicher Perspektive. Die spezifischen Kompetenzen in den Schulfächern sollen an Inhalten erworben und durch Handlungen konkret aufgebaut werden. Der Kompetenzerwerb beinhaltet für den Lernenden auch eine Reflexionskomponente im Sinne von sogenannter Metakommunikation, das heißt das gemeinsame Nachdenken und Kommunizieren über das Lehren und Lernen. Die Kompetenzentwicklung der Schülerinnen und Schüler verläuft nicht bei allen gleichzeitig, denn Schülerinnen und Schüler sollten in einer Unterrichtsstunde die Möglichkeit erhalten, Handlungen auf ihren individuellen

Lernniveaus auszuführen und zu erlernen. Da Kompetenzerwerb nicht in einer Unterrichtsstunde abgeschlossen ist, muss die gesamte Lerneinheit thematisch in sich schlüssig sein und darf nicht gleichzeitig zu viele Kompetenzen aufgreifen.

Aufgrund dieser Entwicklungen ist es notwendig, dass der Unterrichtseinstieg als zentrales Element kompetenzorientierten Unterrichts herausfordernd auf unterschiedlichem Anspruchsniveau aufgebaut ist, an Vorwissen anknüpft und dadurch den Erwerb kumulativen Wissens und Könnens fördert. Dabei sollen Themen, Sachverhalte und Problemstellungen in für die Schülerinnen und Schüler sinnstiftende und lebenspraktische Kontexte eingebunden werden und vielfältig in den Lösungsstrategien und Darstellungsformen sein. Der Unterrichtseinstieg soll Schülerinnen und Schüler dazu bewegen, Fragen an ihre Alltagswelt und Umwelt zu stellen, diesen dann selbstständig nachgehen zu wollen, Lösungen zu finden und gleichzeitig anzuwenden sowie zu reflektieren. Der Unterrichtseinstieg ist gründlich zu planen, um die Ziele und Funktionen der Kompetenzorientierung adäquat zu berücksichtigen. Die Lehrkraft muss mit Hilfe des Unterrichtseinstiegs kompetenzgeleitete Lernsituationen anbahnen können, in denen die Schülerinnen und Schüler nicht nur Fachwissen ansammeln, sondern auch beispielsweise Verantwortung übernehmen und ihre Methoden- und Sozialkompetenz ausweiten können. Die Kompetenzorientierung soll auch zur Stärkung des Selbstwertgefühls und Selbstbewusstseins der Schülerinnen und Schüler beitragen. Der Lernende soll sich aufgrund eigener Kompetenzbefähigung eigene Ziele stellen und selbstständig neue Herausforderungen des Alltags bewältigen können. Die Reflexions-, Gesprächs- und Feedbackkultur des Lernprozesses kann bereits im Unterrichtseinstieg angebahnt werden und anschließend den ganzen Lernprozess begleiten, indem sich die Schülerinnen und Schüler ihrer erworbenen Sach-, Methoden-, Sozial- und Selbstkompetenzen bewusst werden und die Themen und Aufgabenstellungen als persönlich sinnstiftend erfahren. Der Kompetenzerwerb von Schülerinnen und Schüler gelingt am besten in einem Lernumfeld, welches die Neugierde auf Wissen weckt und zum Handeln herausfordert – dies kann der Unterrichtseinstieg wie keine andere Phase des Unterrichtens kreieren.

25

2 Lernpsychologische Grundlagen des Unterrichtseinstiegs

In einer zunehmend pluralisierten und multikulturellen Gesellschaft kommen Schülerinnen und Schüler mit unterschiedlichen Erfahrungen, sozialen Normen und Vorstellungen in der Schule zusammen. Heute wird im Kontext der Lernvoraussetzungen von Kindern und Jugendlichen deshalb eine starke Dynamik sowie Heterogenität angenommen. Weil die Lernvoraussetzungen oftmals nur schwer zu erfassen sind, ist es für die Lehrperson eine Herausforderung, didaktische Konsequenzen mit Blick auf erfolgreiche Lernprozesse daraus abzuleiten. Deshalb ist es von zunehmend größerer Wichtigkeit, die Anknüpfungsmomente für das Verstehen der Kinder, für die Entwicklung ihrer Denkprozesse, Empfindungen und Verhaltensweisen zu kennen und systematisch zu verstehen. Lernen bedeutet die Integration von neuen Erkenntnissen in die Struktur des vorhandenen Wissens. Somit erscheint die Aktivierung der Vorkenntnisse und Einstellung der Schülerinnen und Schüler als Bewusstmachung ihrer vorhandenen Denkstrukturen für jeden Unterrichtseinstieg ein zentrales Ziel zu sein und dieses sollte nicht nur auf den Vorkenntnis-mobilisierenden Unterrichtseinstieg (STEIN 1981) eingeschränkt werden.

2.1 Lernpsychologische Aspekte des Unterrichtseinstiegs

Von Seiten der pädagogischen Psychologie werden das Problemlösen, das Planen sowie die Metakognition als die höchsten Komplexitätsstufen kognitiver Prozesse bezeichnet (GERRIG & ZIMBARDO 2008). Auch aus bildungswissenschaftlicher Sicht gelten Fähigkeiten zum Planen und Problemlösen als fächerübergreifende Kompetenzbereiche, die in den nationalen und internationalen Vergleichsstudien der letzten Jahre sogar eigene Untersuchungsschwerpunkte eingenommen haben (HELMKE 2008; 2010). Die Modelle des selbstregulierenden Lernens liegen der Annahmen zu Grunde, dass die Schülerinnen und Schüler durch lernaktivierende Unterrichtsmomente selbstgesteuert planen, handeln und Probleme lösen sollen, um somit Wissensvernetzungen eigenständig aufzubauen. „Unter Problemlösung versteht man das Bestreben, einen gegebenen Zustand (Ausgangszustand, Soll-Zustand) in einen anderen, gewünschten Zustand (Zielzustand, Ist-Zustand) zu überwinden" (FRITZ et al. 2010, S. 130). Aus kognitionspsychologischer Sicht ist der Prozess, indem vorhandenes Wissen um neue Informationen ergänzt und zu neuen Wissensstrukturen verknüpft wird, als eine Art Neukonstruktion von Wissen zu deklarieren. „Neukonstruktion bezeichnet also die angestrebte (bzw. gelungene), problemspezifische Verknüpfung der vorgegebenen Informationen mittels sogenannter Operatoren zum Zweck der Lösungsfindung (bzw. Zielerreichung), wobei das Auffinden und die Anwendung dieser Operatoren nicht voll bewusst sein muss" (FRITZ et al. 2010, S. 132). In aktuellen prozessorientierten Lernmodellen zur Selbstregulation werden mit der präaktionalen, der aktionalen und der postaktionalen Phase vereinfacht drei Stufen im Lernprozess unterschieden (LANDMANN et al. 2009). Der Lernende wird in der präaktionalen Phase zur Problemlösung sowie der Erstellung eines Handlungsplans angeregt, was zudem die Herausbildung intrinsischer Motivation unterstützten kann. Die von ihm aktiv mitgestalteten Handlungsprozesse während der Erarbeitungsphase im Unterricht dirigieren den Lernenden in neue kognitive und affektive Erfahrungswelten und akzentuieren bereits vorhandene Fähigkeiten und Fertigkeiten. Aus einfachen und unstrukturierten Denkvorgängen bilden sich allmählich kognitive Operationen heraus, welche die Basis für die zu erlernenden Unterrichtsinhalte und langfristig angestrebten Kompetenzniveaus bilden (aktionale Phase). Damit der Lernende die Erlebnisse und Erfahrungen zu einer vernetzenden Wissensstruktur verdichten kann, ist eine reflektierende Sammlungs- und Sicherungsphase unverzichtbar (postaktionale Phase) (LANDMANN 2009).

Der Unterrichtseinstieg kann zum selbstregulierenden Lernen einen wesentlichen Beitrag leisten, denn die Schülerinnen und Schüler können in der Einstiegsphase gezielt an Fragestellungen und Problemstrukturen des neuen Lerngegenstands herangeführt werden. Über die Problematisierung des Inhalts kann der Unterrichtseinstieg beispielsweise auf ein bedeutsames Problem aufmerksam machen, das dann den weiteren Verlauf der Unterrichtsstunde maßgeblich prägt. Der Unterrichtseinstieg soll hierbei das Interesse und die Aufmerksamkeit auf das neue Thema, auf das zu lösende Problem oder auf die zu erstrebende Qualifikation des Lernenden kanalisieren. Die Schülerinnen und Schüler sollen dazu angeregt werden, eine Fragehaltung zu entwickeln, die regelrecht zur weiteren Beschäftigung mit dem Thema und zur Klärung von Fragen drängt. Unterrichtseinstiege bedingen somit eine lernpsychologisch-orientierende Funktion. Diese Orientierung kann sich in einer groben Andeutung über die thematische Ausrichtung ausdrücken oder auf zu behandelnde Ziele, Fragen und Problemstellungen eingehen. Den Schülerinnen und Schülern wird mittels des Unterrichtseinstiegs die vorgesehene Herangehensweise an das Thema und die geplanten Bearbeitungsschritte verdeutlicht. Auf diese Weise wird der Erwartungshorizont entworfen und transparent gemacht, das heißt, dass Schülerinnen und Schüler im Unterrichtseinstieg über die Bedeutung des Themas und die angestrebten Lehr- und Lernziele informiert werden. Während des Unterrichtseinstiegs soll den Lernenden die Chance gegeben werden, ihren Lernprozess mit zu planen und die Vorgaben der Lehrperson um eigene Vorschläge zu ergänzen oder gegebenenfalls sogar zu korrigieren.

Ausgehend von einem gut überlegten Unterrichtseinstieg können die Schülerinnen und Schüler gemäß ihren Interessen und Vorwissen ihre persönlichen Anknüpfungspunkte an das Thema erfassen. Die Anbindung an subjektive Motive des Lernenden sowie an den Kern der Persönlichkeit stellt somit einen zentralen Ausgangspunkt des Unterrichtseinstiegs dar. Schülerinnen und Schüler können bereits durch den Unterrichtseinstieg vielfältige individuelle Erfahrungen erleben und individuelle Bezüge zum Lerngegenstand herstellen. Zusammenfassend lässt sich festhalten, dass die Lehrperson durch den Unterrichtseinstieg wichtige Funktionen für den Lernprozess initiieren kann, indem er einen gedanklichen Orientierungsrahmen vermittelt, die Neugier weckt und an das Vorverständnis der Schüler anknüpft (MEYER 1987b).

2.2 Unterrichtseinstiege im Kontext der Motivationspsychologie

Im Hinblick auf die Planung und Durchführung von Unterrichtseinstiegen ist die Kenntnis motivationaler Bedingungsfelder des Lernens ebenfalls erforderlich. Die Definition von Motivation als zentrales Konstrukt der Verhaltenserklärung eines Menschen besagt, dass Motivation einen bestehenden oder vorübergehenden Zustand darstellt (SCHIEFELE 2009). „Daneben sind jedoch auch überdauernde motivationale Personenmerkmale anzunehmen" (SCHIEFELE 2009, S. 152), die unter dem Begriff des Motivs erforscht wurden. Für das schulische Lernen liefern besonders die Motive der Neugier, des Anschlusses sowie der Leistung eine Erklärung für das Herausbilden von situationsabhängiger Motivation bei den Lernenden. Durch einen rätselhaften oder problemorientierten Unterrichtseinstieg können sicherlich die Motive des Anschlusses und der Neugier stärker angesprochen werden als das Motiv der Leistung. Letztgenanntes spielt im Kontext des Unterrichtseinstiegs eine eher zu vernachlässigende Rolle, da der Unterrichtseinstieg möglichst frei von äußerem Leistungsdruck sein sollte, auch wenn dadurch eine höhere extrinsische Lernmotivation zu erwarten wäre. Der Unterrichtseinstieg sollte sich vielmehr auf die Herausbildung von intrinsischer Lernmotivation konzentrieren. Die intrinsische Motivation ist durch ein Auftreten positiver Erlebenszustände gekennzeichnet und basiert auf der Annahme, dass der Mensch mit dem Streben nach Kompetenz sowie Selbstbestimmung zwei grundlegende Bedürfnisse hat (DECI & RYAN 2000; 2002). „Diese beiden angeborenen Bedürfnisse hängen nach DECI & RYAN eng miteinander zusammen und bilden die gemeinsame Grundlage für das Auftreten intrinsisch motivierten Verhaltens" (SCHIEFELE 2009, S. 157). Das Bedürfnis nach Kompetenz verleitet den Lernenden dazu, individuelle Herausforderungen auszusuchen und diese adäquat zu bewältigen. Damit sollte der Unterrichtseinstieg den Lernenden einerseits zum weiteren Handeln (Erarbeitungsphase) anregen und ihm gleichzeitig eine Lernherausforderung offerieren.

Bei der intrinsischen Motivation kann weiter zwischen tätigkeitszentrierter und gegenstandszentrierter Lernmotivation unterschieden werden. Während die tätigkeitszentrierte intrinsische Motivation unabhängig vom Lerngegenstand aus bestimmten Handlungsformen resultiert, so kennzeichnet die gegenstandszentrierte Lernmotivation einen Lernenden, „der sich unabhängig von der jeweils durchgeführten Tätigkeitsform für bestimmte Inhalte interessiert und deshalb positive Gefühle während des Lernens erlebt" (SCHIEFELE 2009, S. 158). SCHIEFELE (2009) vermutet, dass die interessenabhängige gegenstandszentrierte Lernmotivation für das schulische Lernen von größerer Relevanz ist. Aufgrund der thematisierenden Funktion sowie der vergleichsweise geringen Bandbreite an Handlungsmöglichkeiten während des Unterrichtseinstiegs kann diese Erkenntnis auch auf die motivationalen Bedingungen des Unterrichtseinstiegs übertragen werden.

Der Unterrichtseinstieg kann einen erheblichen Beitrag im Kontext der Herausbildung von Motivation bei Schülerinnen und Schülern leisten. Dabei ist jedoch zu berücksichtigen, dass das Motivationsniveau nicht ausschließlich mittels des Unterrichtseinstiegs über die gesamte Unterrichtsstunde aufrechterhalten werden kann. Im Unterrichtseinstieg erfährt der Lernende grundsätzlich einen hohen Grad an Gegenstandszentrierung. Dadurch leistet diese Phase des Unterrichts einen wichtigen Beitrag für das intrinsische Lernen aus Interesse und Neugier. Ziel des Unterrichtseinstiegs ist es, die fremdgesteuerte Motivation der Lehrperson systematisch um eine selbstgesteuerte Motivation der Lernenden zu vervollständigen (HELMKE 2010). Der Unterrichtseinstieg sollte demnach möglichst so konzipiert sein, dass sich die Lernenden mit dem Thema identifizieren. Problemorientierte, alltagsnahe und an der Lebenspraxis der Schülerinnen und Schüler ausgerichtete Unterrichtseinstiege besitzen hierbei eine relativ hohe Wahrscheinlichkeit, handlungsimmanente Anreize für das Lernen zu generieren. Durch den Unterrichtseinstieg sollen die Lernenden also auf eine Problem- bzw. Fragestellung aufmerksam gemacht werden, die die Lern- und Leistungsbereitschaft anregt. In diesem Zusammenhang sollte der Unterrichtseinstieg einen Bezug zur Problemstellung herstellen, der möglichst alle Schülerinnen und Schüler gleichermaßen in ihrer Lebens- und Alltagswelt anspricht. Die Schülerinnen und Schüler betrachten das durch den Unterrichtseinstieg thematisierte Problem aber oftmals nur als ihr eigenes Problem, sofern die Problemstellung an gesellschaftlichen Problemzuständen orientiert ist. Unabhängig von den hier beschriebenen motivationalen Bedingungen des Lernens sollte bei der Planung des Unterrichtseinstiegs zudem die didaktische Zielführung der gesamten Unterrichtsstunde niemals außer Acht gelassen werden. Ein guter Unterrichtseinstieg kann zwar erheblich die Lernmotivation steigern, die didaktische Zielführung entscheidet aber letztlich in ihrer Gesamtheit über den Erfolg oder Misserfolg von Unterricht.

29

3   Didaktische Grundlagen des Unterrichtseinstiegs

Der Unterrichtseinstieg verfolgt emotional-motivationale Aspekte und vermittelt dabei gleichzeitig zentrale Wissenselemente. Aus diesem Grund sollte diese Phase des Unterrichts eine besondere Stellung in der Unterrichtsplanung und Vorbereitung einnehmen. Auch wenn dem Unterrichtseinstieg nun eine Definition zu Grunde liegt, so ist davon auszugehen, dass dieser Moment des Unterrichtens in der praktischen Umsetzung des täglichen Unterrichtsgeschäfts different gehandhabt und vielfältig interpretiert werden wird. Bei der didaktischen Grundlegung des Unterrichtseinstiegs ist in erster Linie zu beachten, ob mit dem Unterrichtseinstieg an Inhalte aus vorherigen Unterrichtsreihen angeknüpft oder ein neues Thema eingeführt werden soll. Der thematische Unterrichtseinstieg ist beispielsweise in der Regel mit mehr Vorbereitungsaufwand verbunden als das Anknüpfen an bereits vorhandene Wissenselemente. Beim thematischen Unterrichtseinstieg muss zwangsläufig mehr Unterrichtszeit eingeräumt werden, da die Vorerfahrungen und Vorkenntnisse der Schülerinnen und Schüler im Vorfeld ausführlicher zu ergründen sind. In diesem Kapitel sollen nun allgemeine didaktische Kriterien beschrieben werden, die bei der Konzeption eines Unterrichtseinstiegs grundsätzlich zu beachten sind.

3.1   Didaktische Kriterien des Unterrichtseinstiegs

MEYER (1987b) definiert fünf Kriterien für die Planung und Beurteilung von Unterrichtseinstiegen (vgl. Abbildung 6). Um einen Orientierungsrahmen für das Unterrichten zu gewährleisten, sollten die Schülerinnen und Schüler im Unterrichtseinstieg darüber informiert werden, wie die Lehrperson beabsichtigt ist, mit der neuen Thematik umzugehen. Diese Informationen beinhalten Aspekte und Dimensionen des neuen Themas sowie Hinweise zu den Arbeitsmethoden und Vermittlungsformen. Dies bedeutet, dass die Lehrperson im Unterrichtseinstieg eine führende und aktive Rolle einnimmt, da zunächst nur sie über den vollständigen Überblick der Thematik verfügt (MEYER 1987b). Den Schülerinnen und Schülern soll die Vermittlung des thematischen Orientierungsrahmens dazu dienen, sie mit der Zielstellung der Unterrichtsstunde vertraut zu machen. Schülerinnen und Schüler können sich dadurch einfacher auf ein neues Unterrichtsthema einstellen und das Mitdenken, Mitplanen und Handeln fällt ihnen somit leichter. In den meisten Schulgesetzen wird auf diese Art Informationspflicht von Seiten der Lehrperson sogar hingewiesen. Die Transparenz der Lernanforderungen kann zugleich aber auch als Herausforderung für die

Schülerinnen und Schüler gesehen werden, da diese sich überfordert fühlen oder die Lernanforderungen von Beginn an als zu hoch empfinden können. Dieser Zusammenhang lässt sich vor allem auf leistungsschwächere Schülerinnen und Schüler übertragen, die den geplanten Unterrichtsverlauf kognitiv nicht sofort verarbeiten können. Des Weiteren besteht die Möglichkeit, dass die Information über den neuen Lerninhalt anstatt Interesse und Motivation eher Desinteresse hervorruft. Daher ist es erforderlich, die Vermittlung des Orientierungsrahmens für die Schülerinnen und Schüler im Unterrichtseinstieg als eine ganzheitliche, sinnlich- anschauliche und schü- leraktive Einführung in die Thematik zu gestalten (MEYER 1987b).

Didaktische Kriterien des Unterrichtseinstiegs

1. Vermittlung eines Orientierungsrahmens
2. Einführung in zentrale Aspekte des Themas
3. Anknüpfung an das Vorverständnis
4. Disziplinierung des Schülers
5. Einräumung eines handelnden Umgangs

(MEYER 1987b)

Abbildung 6: Didaktische Kriterien des Unterrichtseinstiegs.

„Der Einstieg soll, wenn irgend möglich, ins Zentrum des Sach-, Sinn- oder Problemzusammenhangs führen, den es neu zu erschließen gilt" (MEYER 1987b, S. 131). Ein Unterrichtseinstieg, der sich aus Motivationsgründen zu lange an einem inhaltlichen Detail des neuen Themas orientiert, erscheint wenig sinnvoll, da dies über kurz oder lang Unbehagen bei den Schülerinnen und Schülern auslösen wird. Es kann sogar so weit kommen, dass bei den Schülerinnen und Schülern Aggressionen geweckt werden, da diese sich von der Lehrperson nicht ernst genommen fühlen und ihre zur Verfügung gestellte Aufmerksamkeit als Zeitverschwendung empfinden. Ein guter Unterrichtseinstieg führt demnach unmittelbar in das Zentrum der Thematik und sollte schnell möglichst zum Kern der Sache kommen (MEYER 1987b). In ersten empirischen Untersuchungen haben sich besonders solche Unterrichtseinstiege mit einer Zeitdauer von ca. drei bis fünf Minuten sowie mehr als fünf Minuten (max. 10 min.) als besonders lernförderliche Unterrichtseinstiege herauskristallisiert (BARANI 2011). Unabhängig von den Zeitangaben sollte der Unterrichtseinstieg stets an das thematische Vorverständnis der Schülerinnen und Schüler anknüpfen. Vorverständnis ist in diesem Kontext als die Gesamtheit an Vorkenntnissen, Einstellungen, Interessenlagen und Haltungen zu verstehen, die das Denken, Fühlen und Handeln der Lernenden im Unterricht prägen. Für die Lehrerin bzw. den Lehrer gilt es hierbei, die von Schülerinnen und Schüler mitgebrachte Sprache, ihre Denk- und Weltbilder sowie Handlungslogik zu berücksichtigen.

Als wichtige Aufgabe des Unterrichtseinstiegs nennt Meyer (MEYER 1987b) die Anforderung, die Schülerinnen und Schüler in eine disziplinierte Arbeitshaltung zu bringen und etwaige Demotivation, Frustration und Unbehagen aufzulösen. Die Disziplin einer Schülerin oder eines Schülers besitzt grundsätzlich mehrere Facetten, nämlich eine äußere beobachtbare Seite und eine innere Seite, die nur aus der Beobachtung des Verhaltens und einer guten Menschenkenntnis zu erschließen sind. Bei der unterrichtlich positiven äußeren Seite handelt es sich „um die ruhige und sachbezogene Bereitschaft, sich auf das Thema der Stunde einzulassen. Die innere Seite bezeichnet innere Ruhe, Spannung und Neugier, das Sich-Öffnen gegenüber dem neuen Thema" (MEYER 1987b, S. 133). Die beiden Seiten zusammen spiegeln die Arbeitshaltung der Schülerin bzw. des Schülers wider. Solange die Disziplin von der Lehrperson durch Strafandrohung hergestellt wird, kann noch nicht von einer Arbeitshaltung gesprochen werden. Die Arbeitshaltung ist erst dann vorliegend, wenn die Lehrperson eine Umwandlung der Fremddisziplin des Lernenden in eine Selbstdisziplin des Lernens erreicht. Selbstdisziplin bedeutet in dem Zusammenhang „die Fähigkeit der Schüler, sich durch eigene Kraft auf das Thema der Stunde einzustellen und sich weder durch unerwartete Schwierigkeiten noch durch äußere Ablenkungen davon abbringen zu lassen" (MEYER 1987b, S. 133). „Die Schüler sollen, wann immer und wo immer dies möglich ist, im handelnden Umgang mit dem neuen Thema an sich selbst erfahren und erproben können, wo das neue Thema für sie interessant ist, wo sie eigene Stärken oder Schwächen haben, wo sie noch etwas Neues lernen, wo sie Vertrautes in Erinnerung rufen können" (MEYER 1987b, S. 133). Diese Selbsterprobung des Lernenden kann nicht durch Passivität der Lehrkraft erreicht werden. Diese sollte möglichst oft vorspielen, vormachen, dramatisieren, Experten in das Klassenzimmer einladen, verfremden, provozieren, aber auch abstrakte Lerngegenstände visualisieren und veranschaulichen. In der Phase der Unterrichtsplanung können die zuvor beschriebenen didaktischen Kriterien von Unterrichtseinstiegen bereits hinreichend berücksichtigt werden. Darüber hinaus bieten die Merkmale guten Unterrichts (s.u.) aktuelle Erkenntnisse aus der empirischen Unterrichtsforschung, auf dessen Grundlage Kriterien eines guten Unterrichtseinstiegs abgeleitet werden können.

MÜHLHAUSEN stellt Anforderungen an »gelungene Einstiege« und hinterfragt somit anhand von Praxisbeispielen, wann ein Unterrichtseinstieg als misslungen eingestuft werden kann. Seines Erachtens soll der Unterrichtseinstieg die Schülerinnen und Schüler über das Thema informieren und eine Fragehaltung entstehen lassen, „die dann zur weiteren Bearbeitung und Klärung drängt" (1999, S. 21). Darüber hinaus sollen durch den Unterrichtseinstieg aber auch Handlungsanlässe erzeugt werden, an denen die Schülerinnen und Schüler ihre eigenen „Vorerfahrungen, Interessen sowie Schwächen und Abneigungen gegenüber dem Thema herausfinden können" (MÜHLHAUSEN 1999, S. 21). Insgesamt sollen die Schülerinnen und Schüler Gelegenheit erhalten, „mit eigenen Vorschlägen die Vorgaben der Lehrkraft zu ergänzen oder zu korrigieren" (MÜHLHAUSEN 1999, S. 21). Die Frage, wann ein Unterrichtseinstieg nicht

32

gelungen ist, beantwortet er mit dem Verweis darauf, dass kaum all diese Erwartungen gleichsam berücksichtigt werden können. Schließlich kommt er zu der folgenden abschließenden These: „Misslungene Unterrichtseinstiege gibt es nicht ... – entscheidend ist, was daraus gemacht wird" (MÜHLHAUSEN 1999, S. 23).

3.2   Merkmale guten Unterrichts

Für jede Lehrerin oder jeden Lehrer ist es erstrebenswert, mit einem positiven guten Gefühl zu unterrichten und am Ende einer Unterrichtsstunde mit dem Lernergebnis der Schülerinnen und Schüler zufrieden zu sein. Doch wie muss Unterricht strukturiert sein, der diese positiven Gefühlszustände hervorruft? Welche Merkmale muss guter Unterricht grundsätzlich aufweisen? MEYER (2003; 2004) hat in den letzten Jahren eine ausführliche Liste ausgewählter Merkmale guten Unterrichts zusammengestellt (vgl. Abbildung 7). Diese Merkmale guten Unterrichts sind empirisch belastbare, didaktisch anspruchsvolle Kriterien an einen erfolgreichen sowie schülerorientierten Unterricht und dienen als erste orientierende Grundlage für die Konzeption von Unterrichtseinstiegen.

Merkmale guten Unterrichts

○ Der Unterricht ist klar strukturiert und ein roter Faden für die Schülerinnen und Schüler jederzeit erkennbar.
○ Die Lernzeit der Schülerinnen und Schüler wird intensiv genutzt.
○ Die Ziel-, Inhalts- und Methodenentscheidungen sind in sich stimmig.
○ Der Unterricht ist durch eine Vielfalt an Methoden gekennzeichnet.
○ Es findet eine individuelle Förderung statt.
○ Es wird intelligent geübt durch Lernstrategien und Hilfestellungen.
○ Das Unterrichtsklima ist lernförderlich.
○ Es werden Unterrichtsgespräche geführt, die für die Schülerinnen und Schüler einen Sinn ergeben, Vorhandenes mit neuem Wissen verknüpfen und es ihnen erlauben, bei der Bearbeitung des Themas individuelle Interessen einzubringen.
○ Leistungserwartung und -kontrollen werden klar definiert und für die Schülerinnen und Schüler transparent gemacht.

(MEYER 2003; 2004)

Abbildung 7: Ausgewählte Merkmale guten Unterrichts.

HELMKE (2010) skizziert auf Grundlage eigener empirischer Forschungen sowie umfassender theoretischer Überlegungen fächerübergreifende Merkmale von Unterrichtsqualität (vgl. Abbildung 8). „Mit guter Begründung könnte man auch für eine geringere Anzahl von Qualitätsbereichen plädieren (etwa indem man theoretisch und empirisch verwandte Merkmale zu globalen Dimensionen zusammenfasst) oder für eine höhere Anzahl (indem man das Auflösungsvermögen erhöhte oder zusätzlich fachspezifische Aspekte berücksichtigt)" (HELMKE 2010, S. 169). „Den Merkmalen 2 bis 4 ist gemeinsam, dass sie sich direkt auf die Förderung der Informationsbearbeitung beziehen, die Merkmale 5 bis 7 richten sich primär auf die Förderung der Lernbereitschaft und indirekt auf den Lernerfolg, und die Merkmale 9 und 10 tragen dem Sachverhalt der Unterschiedlichkeit von Bildungszielen, fachlichen Inhalten und individuellen Lernvoraussetzungen Rechnung" (HELMKE 2010, S. 169). Im direkten Vergleich mit den Merkmalen guten Unterrichts nach MEYER (2004) zeigen sich Parallelen, auch wenn beide Klassifikationen individuell konstruiert wurden.

Merkmale von Unterrichtsqualität

o Klassenführung   o lernförderliches Klima

o Klarheit und Strukturiertheit   o Schüler- und Kompetenzorientierung

o Konsolidierung und Sicherung   o Umgang mit Heterogenität

o Aktivierung, Motivierung   o Angebotsvariation

(HELMKE 2008; 2010)

Abbildung 8: Merkmale von Unterrichtsqualität.

3.4   Merkmalskonfigurationen erfolgreichen Unterrichts

Die lernpsychologische Literatur bietet ebenfalls einen fundierten Überblick über sogenannten Merkmalskonfigurationen erfolgreichen Unterrichts (LIPOWSKY 2009). LIPOWSKY unterscheidet beispielsweise zwischen kognitiven und affektiv-motivationsfördernden Zielvariablen und verweist darauf, „dass die motivationale Entwicklung deutlich stärker durch individuelle Determinanten der Lernenden bestimmt wird als die kognitive Entwicklung" (2009, S. 83). Auch die Übersicht der Merkmalskonfigurationen erfolgreichen Unterrichts zeigt enge Parallelen zu den von MEYER (2004) sowie HELMKE (2010) beschriebenen und klassifizierten Merkmalen guten Unterrichts (vgl. Tabelle 2).

Tabelle 2: Merkmalskonfigurationen erfolgreichen Unterrichts.

MERKMALSKONFIGURATION	KOGNITIVE ZIELVARIABLEN	AFFEKTIV-MOTIVATIONALE ZIELVARIABLEN
Strukturiertheit des Unterrichts	sorgfältige Planung; störungsfreie Lernumgebung; Strukturierungshilfen	effektive Klassenführung; störungsarmer und diszipli-nierter Unterricht
inhaltliche Klarheit	sprachliche Prägnanz; inhaltlich-fachliche Richtigkeit; Anschaulichkeit	
Feedback	differenziertes Feedback	
kooperatives Lernen	koordinierte konstruktive Aktivität der Teilnehmerin-nen und Teilnehmer	gruppenbezogene Belohnung auf Basis individueller Leistungen
Übungen	verteilte Übungen, Zeiträume zwischen Übungseinheiten	
kognitive Aktivierung	vertiefendes Nachdenken; elaborierende Auseinander-setzung; kognitive herausfordernde Aufgaben; Provokation durch kognitive Konflikte; Lernanregung der Gedanken, Konzepte, Ideen und Lösungen; anregende Fragen; inhaltli-cher Austausch der Lernenden	
unterstützendes Unterrichts-klima	gegenseitige Wertschätzung und Respektierung; positive Beziehung zwischen Lehrenden und Lernenden; Erleben sozialer Eingebundenheit	
		(LIPOWSKI 2009)

3.5   Didaktische Kriterien guter Unterrichtseinstiege

Tabelle 3 stellt die Ableitung didaktischer Kriterien eines guten Unterrichtseinstiegs aus den Merkmalen guten Unterrichts sowie aus den Merkmalskonfigurationen erfolgreichen Unterrichts dar. Die didaktischen Kriterien guter Unterrichtseinstiege wurden zunächst theoretisch hergeleitet und dann in einem weiteren Schritt
mittels empirischer Unterrichtsbeobachtungen geprüft (BARANI 2011).

Tabelle 3: Kriterien eines guten Unterrichtseinstiegs.

MERKMALE / MERKMALKONFIGURATIONEN ERFOLGREICHEN UNTERRICHTS	KRITERIEN EINES GUTEN UNTERRICHTSEINSTIEGS
Klassenführung	o kurze ritualisierte Stundeneröffnung geht Unterrichtseinstieg voran
Strukturierung	o thematisch-inhaltliche Grundlegung des Unterrichtsgegenstands ist durch Unterrichtseinstieg erkennbar
inhaltliche Klarheit	o Sprache, Materialien und Medien sind schülergerecht aufbereitet
echte Lernzeit	o Unterrichtseinstieg ist kurz, prägnant und kommt zum Kern der Sache
stimmige Ziel-, Inhalts- und Methoden-entscheidungen	o Unterrichtseinstieg leitet direkt über in Erarbeitungsphase
Methodenvielfalt / Angebotsvariation	o jede Unterrichtsstunde besitzt einen anderen Unterrichtseinstieg o Unterrichtseinstieg ist kreativ angelegt
Schülerorientierung / kognitive Aktivierung	o Vorkenntnisse, Voreinstellungen und Vorerfahrungen der Schülerinnen und Schüler werden aufgegriffen o Unterrichtseinstieg ist problemorientiert o durch Unterrichtseinstieg werden offene Fragen an die Schülerinnen und Schüler gerichtet o Schülerinnen und Schüler werden durch Unterrichtseinstieg fachlich herausgefordert
unterstützendes lernförderliches Unterrichtsklima	o Schüler werden in den Unterrichtseinstieg integriert (kommunikativ und/oder handelnd)

Der Unterrichtseinstieg kann wesentliche Merkmale guten Unterrichts sowie zentrale Merkmalskonfigurationen erfolgreichen Unterrichts aufgreifen, indem die Lehrperson einen transparenten Orientierungsrahmen setzt und inhaltliche Klarheit für die Schülerinnen und Schüler erzeugt. Besonders zur Realisierung echter Lernzeit kann der Unterrichtseinstieg wertvolle Beiträge leisten, zumal die Schülerinnen und Schüler von Beginn an (intrinsisch) motiviert werden, dem weiteren Unterrichtsverlauf zu folgen und sich dann mit hoher Wahrscheinlichkeit aktiv in das Unterrichtsgeschehen einbringen werden. Ziel des Unterrichtseinstiegs muss es sein, die anfangs vorhandene extrinsische Motivation einzelner Schülerinnen und Schüler systematisch einzufangen und in einen intrinsisch geprägten Motivationszustand überzuleiten (HELMKE 2010). Die klare Strukturierung als Merkmal guten Unterrichts kann dadurch im Unterrichtseinstieg erreicht werden, dass der neue Lerninhalt an das vorhandene Schülervorwissen anknüpft und die Lerngruppe somit bei längeren Unterrichtssequenzen Themen- und Inhaltseinheiten bilden kann.

Der Untersuchungsgegenstand »Merkmale guten Unterrichts« ist im deutschsprachigen Raum bislang noch wenig erforscht. Die Frage, worauf sich die Merkmale guten Unterrichts beziehen lassen, ob auf die Professionalisierung und Kompetenz der Lehrperson, auf Unterrichtsprozesse oder die Wirkung des Unterrichts auf Schülerinnen und Schüler, ist somit aufgrund mangelnder empirischer Unterrichtsforschung derzeit nicht klar zu beantworten (HELMKE 2006, LIPOWSKY 2007). Die didaktischen Kriterien des Unterrichtseinstiegs sind somit zunächst nur als Qualitätsmaßstab zu betrachten, an dem vorliegende didaktische Entwürfe bzw. beobachtete Unterrichtseinstiege beurteilt werden können. Die Anzahl der zu berücksichtigenden Kriterien und deren entsprechende Gewichtung können bei jedem Unterrichtseinstieg – so wie in allen Phasen des Lehrens und Lernens – stark voneinander abweichen.

3.6   Methodische Aspekte von Unterrichtseinstiegen

Im Unterricht findet weitaus mehr statt als die Vermittlung fachspezifischer Wissenskategorien. Unterricht ist heute ein kontinuierlicher Interaktions- und Kommunikationsprozess, in dem die Lerngruppe dazu befähigt werden soll, Handlungen und Lernsituationen selbstständig und situativ zu bewältigen. Jeder Lehrkraft steht für die Gestaltung von Handlungen und Lernsituationen ein vielfältiges methodisches Repertoire zur Verfügung (JANSSEN 2008, HUGENSCHMIDT & TECHNAU 2009). Die Reflexion über Ziele, Inhalte, institutionelle Rahmenbedingungen, Kompetenzen, Fähigkeiten und Lernvoraussetzungen einer meist heterogenen Schülergruppe ist besonders wichtig für die Wahl der passenden Lehr- und Lernmethode. Mit der Wahl eines bestimmten Unterrichtseinstiegs wird frühzeitig die Entscheidung über den methodisch-organisatorischen Rahmen der gesamten Lernumgebung getroffen. Obwohl der Unterrichtseinstieg als eigenständiges mikromethodisches Element des Lehrens und Lernens definiert werden kann, so fordert er als didaktischer Baustein dennoch die Vorab-Festlegung übergeordneter methodischer Ebenen. Dies wird besonders deutlich an der Vergegenwärtigung der Wechselwirkungen zwischen den methodischen Ebenen von Sozialformen, Aktionsformen, Organisationsformen und Unterrichtsmethoden: Ein Demonstrationsexperiment (Aktionsform: darbietend) bedingt beispielsweise keine Zusammenarbeit von zwei Schülern (Sozialform: Partnerarbeit), sondern führt vielmehr zu einem Unterricht vor der ganzen Klasse (Sozialform: Klassenunterricht, Aktionsform: darbietend). Bei Schüler- oder Arbeitsexperimenten (Unterrichtsmethode: Experimentieren, Aktionsform: entdeckend) hingegen ist die Arbeit von zwei oder mehreren Schülerinnen und Schüler (Sozialform: Partner- oder Gruppenarbeit) durchaus erforderlich. Ebenso stellt ein Lehrervortag oder ein fragend-entwickelndes unterrichtsmethodisches Vorgehen eine Abfolge vom Konkreten zum Abstrakten am sinnvollsten dar (Organisationsform: induktiver Weg des Lernens).

Bereits mit dem Unterrichtseinstieg kann sich die Lerngruppe aktiv, selbsttätig und selbstbestimmt mit dem Lerngegenstand auseinandersetzen, sodass der Unterrichtseinstieg durch starke Schüler- und Handlungszentrierung gekennzeichnet sein kann. Da der Unterrichtseinstieg die kognitive Aktivierung sowie gleichzeitig aktiv-handelnde Auseinandersetzung mit dem Lerngegenstand bedingt, sollten möglichst solche Unterrichtseinstiege in Betracht gezogen werden, bei denen entdeckende, erkundende, beobachtende, experimentierende oder planende Lernwege angebahnt und erschlossen werden können. Der Unterrichtseinstieg bildet somit den Ausgangspunkt für handlungsorientiertes Lehren und Lernen (GUDJONS 2008) und soll die Lebenswirklichkeit oder ein für die Lerngruppe interessantes Alltagsphänomen aufgreifen. Durch die Konfrontation mit bekannten Lebenssituationen und Problemen des Alltags entstehen für den Schülerinnen und Schüler Fragen und Situationen, an deren Beantwortung oder Problemlösung im weiteren Unterrichtsverlauf selbsttätig gearbeitet werden kann.

4   Funktionen von Unterrichtseinstiegen

Unterrichtseinstiege sind durch grundlegende didaktische Funktionen gekennzeichnet. In der didaktisch-methodischen Literatur finden sich unterschiedliche Diffe-
renzierungen zu den Funktionen von Unterrichtseinstiegen. MEYER (1987b) begründet
seine theoretische Funktionsbestimmung des Unterrichtseinstiegs mit den sogenannten Grundfunktionen des Erschließens und schlüsselt diese in Teilfunktionen auf (vgl.
Abbildung 9).

Teilfunktionen des Unterrichtseinstiegs

○   Lernende neugierig machen

○   bei Lernenden eine Fragehaltung und ein Problembewusstsein wecken

○   Interesse und Aufmerksamkeit auf ein neues Thema bzw. ein zu lösendes
     Problem lenken

○   Lernende über den geplanten Unterrichtsverlauf informieren

○   Lernende auf anvisierte Qualifikationen hinweisen

○   eine lernfreundliche Atmosphäre schaffen

○   Verantwortungsbereitschaft der Lernenden wecken, damit sie den
     Unterrichtsverlauf mitgestalten

○   bereits bestehende Vorstellungen aus anderer Perspektive neu hinterfragen
     (Provokation)

○   Vorkenntnisse und Vorerfahrungen zum Unterrichtsthema in Erinnerung rufen

○   Verknüpfung von bereits Bekanntem mit neuen Lerninhalten durch Vernetzung
     von Neuanfang und Ergebnissicherung

(MEYER 1987b)

Abbildung 9: Teilfunktionen des Erschließens von Unterrichtseinstiegen.

Die in Abbildung 9 dargestellten und nach MEYER (1987b) zusammengetragenen
Teilfunktionen decken sich weitgehend mit anderen Funktionsbeschreibungen des
thematischen Erschließens von Lerninhalten (ROTH 1963, WAGENSCHEIN 1975,
KLINGBERG 1982). STEIN (1981) differenziert Unterrichtseinstiege hinsichtlich der didaktischen Funktion für den Lernprozess. Basierend darauf ergibt sich eine Unterscheidung nach problematisierenden, thematisierenden und Vorkenntnis-mobilisierenden
Unterrichtseinstiegen. SCHNEIDER (1999) führt übergeordnete fachdidaktische Ziele

des Unterrichtseinstiegs für das Unterrichtsfach Geschichte an (vgl. Abbildung 10). WELLENHOFER (1997) stellt mittels zusammenhängender Abbildungen drei didaktische Funktionen der Eröffnungsphase dar. Die darin enthaltene Prozessinitiierung soll den Lernablauf in Gang setzen und eine der Sache angemessene Bedürfnisspannung des Lernenden aufbauen, wohingegen die Funktion der Interaktionsoptimierung auf ein grundsätzliches Aktivieren einer engagierten und interessierten Mitarbeit der Schülerin bzw. des Schülers abzielt. Die Funktion der Zielökonomisierung hingegen fördert die effiziente und zuverlässige Gewinnung von Ergebnissen (ebd.). In diesem Zusammenhang differenziert er die Eröffnungsphase in zwei bis vier aufeinander bezogene Artikulationsstufen und betitelt diese als Anknüpfung, Problemstellung, Zielangabe, Vorkenntnisermittlung und Einstieg.

Geschichtsdidaktische Zwecke des Unterrichtseinstiegs

- o Wiederholung des Unterrichtsstoffs sowie Verknüpfung mit neuem Wissen
- o Vorkenntnisse und Lernvoraussetzungen in Erfahrung bringen
- o Schülerinnen und Schüler sollen interessiert werden
- o gegenseitige Erschließung von Thema und Lernendem
- o Vorplanung des weiteren Unterrichtsverlaufs
- o Motivationsförderung und Aktivierungsfunktion
- o Anbahnung kontroverser Diskussionen, ggf. Provokationen
- o Entwicklung von Arbeitshypothesen

(SCHNEIDER 1999)

Abbildung 10: Geschichtsdidaktische Zwecke des Unterrichtseinstiegs.

Die in der Literatur genannten Funktionen des Unterrichtseinstiegs besitzen einen überwiegend pädagogischen und didaktisch-funktionalen Charakter, die psychologischen Erkenntnisse des Lehrens und Lernens werden jedoch meist vernachlässigt. Aktuelle Ergebnisse aus der Lehr- und Lernforschung wie beispielsweise die Tatsache, dass Wissen assoziativ, komplex und verbunden mit persönlichen Erfahrungen in konzeptionellen Wissensnetzen gespeichert wird (WOOLFOLK 2008), verdeutlichen die Bedeutung einer lernpsychologischen Funktionsbestimmung von Unterrichtseinstiegen (BUDKE 2007). Die grundlegenden didaktischen Funktionen des Unterrichtseinstiegs für den Lernprozess lassen sich zwar einerseits in Teilfunktionen differenzieren, können aber auch in zwei zentrale Bezugsebenen eingeteilt werden. Die Thematisierungs-, Informations- und Strukturierungsfunktion sind von einem thematisch-inhaltlichen Charakter geprägt, wohingegen die Mobilisierungs-, die Motivations- und die Problematisierungsfunktion überwiegend pädagogisch-psychologische Aspekte des Lernens berücksichtigen (vgl. Abbildung 11).

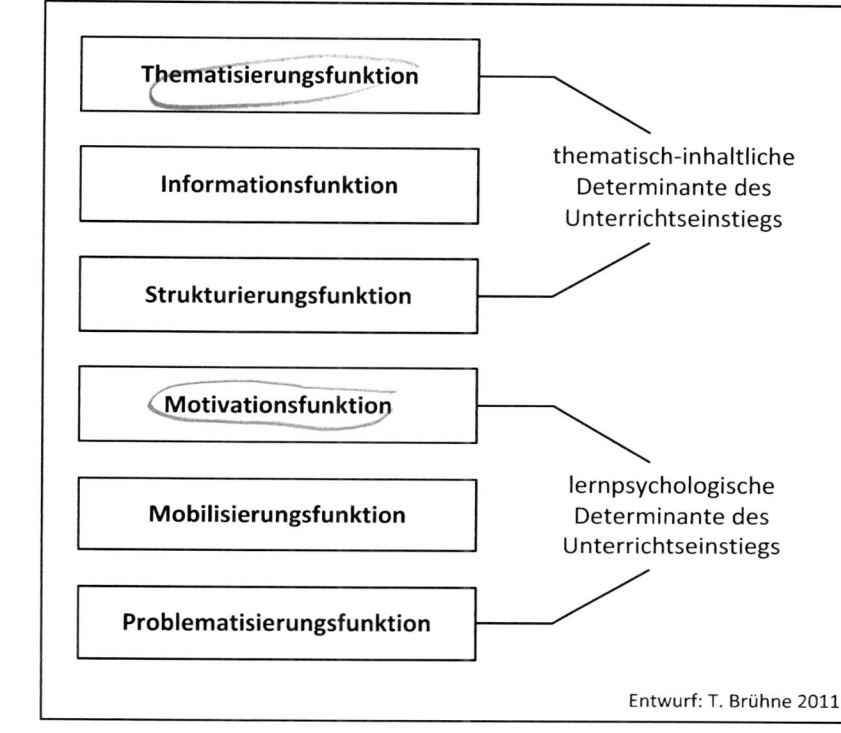

Abbildung 11: Funktionen des Unterrichtseinstiegs für den Lernprozess.

4.1 Die Thematisierungsfunktion

Die offensichtlichste Funktion des Unterrichtseinstiegs ist die Ermöglichung der Erschließung eines neuen Themas durch die Schülerinnen und Schüler. Zunächst sollen die Lernenden über den Themenbereich der Unterrichtseinheit bzw. der Unterrichtssequenz informiert werden. Neben der Entwicklung einer Fragehaltung soll die Thematisierungsfunktion dazu dienen, eventuell vorhandene Vorkenntnisse der Lerngruppe zu reaktivieren, damit die Schülerinnen und Schüler im weiteren Verlauf der Erarbeitungsphase ihre bekannten Wissensstrukturen mit neuen Inhalten verknüpfen können. Darüber hinaus beinhaltet die Thematisierungsfunktion des Unterrichtseinstiegs auch den Aspekt der Rückmeldung zum individuellen Interesse an der gewählten Thematik, was für die weitere Unterrichtsplanung möglicher Folgestunden zu einem ähnlichen Themenfeld relevant sein kann. Bei der Thematisierungsfunktion können beispielsweise Methoden der Kategorisierung (z.B. Clustering, Mindmapping, Brainstorming) eingesetzt werden, um den Lerngegenstand in seiner Komplexität zu reduzieren, ohne ihn wiederum zu stark in seiner vorherrschenden Sachstruktur zu verfälschen. Der Prozess der thematischen Bündelung beginnt mit der Einstiegsphase und endet mit der Entwicklung des Themas bzw. der Entwicklung einer Fragestellung gegen Ende des Unterrichtseinstiegs. „Der Einstieg ist deshalb nicht das Thema selbst, sondern bereits eine erste Behandlung des Lerngegenstandes zum Zwecke seiner Weiterbearbeitung" (LACH & MASSING 2007, S. 209). Das an die Lerngruppe durch den Unterrichtseinstieg herangetragene Thema gilt im Sinne der Thematisierungsfunktion gleichzeitig als eine schülergerechte Umformulierung der sich dahinter verbergenden didaktischen Intention, womit diese beiden Elemente zwangsläufig deckungsgleich sein sollten. „Je nach Schwerpunktsetzung und Intention können Themen problem-, sach-, schüler- oder methodenorientiert sein" (LACH & MASSING 2007, S. 209). Bei der Thematisierung des Lerngegenstandes sollte besonders darauf geachtet werden, dass am Ende die gesamte Lerngruppe das Thema als gemeinsame Bezugsebene erfasst hat.

Die Thematisierungsfunktion unterscheiden LACH & MASSING (2007) nach einer offenen und geschlossenen Formulierung des Themas. Offene Themen besitzen einen stärkeren Bezug zu den didaktischen Funktionen der Motivationsfunktion sowie der Problemorientierung, wohingegen geschlossenen Themen stärker sachorientiert sind und damit enge Parallelen zur Strukturierungs- sowie Informationsfunktion aufweisen. Die Trennschärfe zwischen den einzelnen Funktionen ist somit fließend und durch die didaktische Zielsetzung der Unterrichtsstunde vorgegeben. Die Thematisierungsfunktion lässt sich in der Praxis sowohl auf eine einzelne Unterrichtsstunde als auch auf den Beginn einer Unterrichtssequenz anwenden.

4.2 Die Informationsfunktion

Die Informationsfunktion im Unterrichtseinstieg ist sicherlich am einfachsten zu gewährleisten, geht es hierbei vorwiegend darum, der Lerngruppe relevante Informationen zum konkreten Lerninhalt in ausreichender Form zur Verfügung zu stellen. Zur Erfüllung dieser Funktion im Lernprozess sind mit der darbietenden, der erarbeitenden und der entdeckenden Organisationsform drei theoretische Variationen denkbar. Da die erarbeitende Aktionsform jedoch oftmals das bestimmende Element der darauf folgenden praktischen Unterrichtsphase ist, eignet sich diese Aktionsform nur bedingt für den Einsatz im Unterrichtseinstieg. Dies lässt sich weiter damit begründen, dass der Unterrichtseinstieg eigentlich für den Lernenden bzw. die Lernende den Anreiz geben sollte, den Lerngegenstand innerhalb einer durch Erarbeitung geprägten Unterrichtsphase selbst tiefgründig erschließen oder entdecken zu wollen. Die Darbietung von Informationen durch die Lehrperson stellt neben der Entdeckung von relevanten Informationen durch die Schülerinnen und Schüler zwei häufig verwendete Aktionsformen im Unterrichteinstieg dar.

4.3   Die Strukturierungsfunktion

Unterrichtseinstiege haben die Funktion, den Lerninhalt realitätsnah und für die Lerngruppe nachvollziehbar zu strukturieren. Der Einhaltung der Realitätsnähe sind aber aufgrund der didaktischen Reduktion des Lerngegenstands oftmals Grenzen gesetzt, denn didaktische Reduktion oder Transformation bedeutet meist, den Unterrichtsgegenstand aus Gründen der Vereinfachung oder Umformung in seiner Sachstruktur deutlich verändern zu müssen. Somit bildet die Strukturierungsfunktion innerhalb des Unterrichtseinstiegs eine Brücke zwischen realitätsnaher Vermittlung und der Nachvollziehbarkeit durch die Lerngruppe. Für diese ist es wichtig, dass sie zu jedem Zeitpunkt ihrer Lernsituation weiß, was von ihr erwartet wird. Der Unterrichtseinstieg führt somit zu einer Transparenz des unterrichtlichen Ablaufs und dadurch auch zur notwendigen Disziplinierung für das weitere Lernen. „Aus einem ‚guten' Thema lassen sich die erforderlichen Unterrichtsschritte zur Klärung der Fragestellung ableiten, so dass der Unterrichtsverlauf für die Lernenden transparent und antizierbar wird" (LACH & MASSING 2007, S. 210). HELMKE (2010) betrachtet die Strukturierung von Unterricht als Kernmerkmal der Unterrichtsqualität und beschreibt diesbezüglich zentrale Aspekte der Strukturierung (vgl. Abbildung 12).

Strukturierungshilfen für Unterrichtsprozesse

- o   Bekanntgabe von Unterrichtszielen und Lernzielen
- o   Leistungserwartung transparent machen
- o   Verknüpfung der neu vermittelten Informationen mit Vorwissen
- o   Aufgreifen eventueller Missverständnisse
- o   Anregung zu einer intensiveren Auseinandersetzung mit dem Inhalt
- o   das Angebot eines Gerüstes in Form übergreifender Ideen (»big ideas«), Begriffe und Begriffsnetze, um die Integration neuen Wissens zu begünstigen
- o   Strukturierungshilfen (»advance organizer«) durch Zusammenfassungen, Vorausschau, sprich Informationsangebote für den Lernenden, die über den eigentlichen Lerninhalt hinausgehen und den Lernprozess unterstützen

(HELMKE 2010)

Abbildung 12: Aspekte und Hilfen der Strukturierung von Unterricht.

Einige dieser Strukturierungshilfen, wie beispielsweise Themen und Zielklarheit oder anfangs erstellte Begriffsnetze, können bei der Planung des Unterrichtseinstiegs bereits frühzeitig berücksichtigt werden und damit schon vorab wertvolle Teilaspekte von Unterrichtsqualität sicherstellen. Bei der Berücksichtigung der Strukturierungs-funktion im Unterrichtseinstieg kann bezogen auf die Auswahl der einzusetzenden Materialien sowie Methoden angestrebt werden, dass die Lerngruppe mithilfe not-wendiger Informationen über das Thema den weiteren Erarbeitungsweg nicht nur nachvollziehen, sondern zugleich selbstständig entwickeln kann. Die regelmäßige Einbindung der Strukturierungsfunktion im Unterrichtseinstieg leistet Hilfe zum sys-tematischen Aufbau einer Strukturierungsfähigkeit der Schülerinnen und Schüler.

4.4   Die Motivationsfunktion

Die Motivationsfunktion im Unterrichtseinstieg dient in erster Linie der lernpsy-chologisch bedingten Aktivierung der Lernmotivation, denn diese ist Voraussetzung für das Interesse der Schülerinnen und Schüler an dem Lerngegenstand. Denn indivi-duelle Neugierde und Interesse am Wissenszuwachs, eine sogenannte proaktive Lernhaltung, ist nicht immer von Seiten der Schülerinnen und Schüler gegeben. Durch den Unterrichtseinstieg soll bei der Lerngruppe die Bereitschaft geweckt werden, sich auf den Unterrichtsgegenstand einzulassen und sich mit diesem vertiefend auseinan-der zu setzen (LACH & MASSING 2007). Somit hat der Unterrichteinstieg die zentrale Funktion, die Motivation und die Neugierde der Schülerinnen und Schüler am Unter-richtsgegenstand zu wecken. Grundsätzlich kann zwischen sachbezogenen und sach-fremden Maßnahmen zur Lernmotivierung unterschieden werden. Sachbezogene Maßnahmen sind didaktische Vorgehensweisen, die das Ziel verfolgen, den Schüle-rinnen und Schülern das Thema so interessant wie möglich näher zu bringen. Sach-fremde Maßnahmen sind in erster Linie extrinsische Motivationsstrategien, wie bei-spielsweise Maßnahmen der Leistungsfeststellung (z.B. Klassenarbeiten) sowie Hin-weise auf die Benotung der Mitarbeit oder anstehende Zeugnisse. Aus Sicht der Mo-tivationspsychologie sollten die sachbezogenen Maßnahmen überwiegen, da sie die intrinsische Motivation der Schülerinnen und Schüler stärker beeinflussen.

4.5   Die Mobilisierungsfunktion

Die Mobilisierungsfunktion des Unterrichtseinstiegs dient dazu, die Vorkenntnis-se und Voreinstellungen der Schülerinnen und Schüler zu aktivieren (LACH & MASSING 2007). Da Unterricht ein kommunikativer Prozess ist, geht es in erster Linie darum, die Kommunikationsbereitschaft der Lerngruppe aktiv zu fördern. Ziel ist es, ein kon-struktives Gesprächs-, Gruppen- und Lernklima zu erzeugen. Durch den lernaktivie-renden Charakter des Unterrichtseinstiegs können die Schülerinnen und Schüler thematisch und inhaltlich mobilisiert werden. Die Mobilisierung von Voreinstellungen und Vorkenntnissen ermöglicht den Schülerinnen und Schülern im weiteren Unterrichtsverlauf, ihre vorhandenen Denkmuster umzustrukturieren.

4.6   Die Problematisierungsfunktion

Aus Sicht des Konstruktivismus besitzt die Problematisierungsfunktion sicherlich ein enormes Potenzial für das Lehren und Lernen. Problematisieren bedeutet in erster Linie, eine Sache zu einem Problem zu erheben oder auch eine Problemstellung zu einer Problemsituation für den Lernenden zu machen. Der Problematisierung sollte zwangsläufig eine Problemdefinition vorausgehen. In der Theorie sozialer Probleme ist dies jener Vorgang, bei dem ein gesellschaftlicher Missstand mehrheitlich von einer vergesellschafteten Gruppe erkannt und auch mehrheitlich als solcher bewertet wird. Jeder Problematisierung liegt damit – zumindest theoretisch – eine übergeordnete gesellschaftliche Bewusstseinsbildung zu Grunde. In der Unterrichtspraxis bedeutet dies, dass die Lehrperson ein für die Lerngruppe gegenwärtig oder zukünftig bedeutsames Problem identifizieren muss, um diese dann durch den Unterrichtseinstieg damit zu konfrontieren. Der Unterrichtseinstieg eignet sich besonders für die problematisierende Konfrontation von Lerninhalten, da Schülerinnen und Schüler systematisch und unmittelbar an Problemstrukturen des Unterrichtsgegenstands herangeführt werden können. Bei all jenem Potenzial dieser didaktischen Funktion für den Unterrichtseinstieg sowie auch für den Lernprozess sollte jedoch berücksichtigt werden, dass die an die Schülerinnen und Schüler herangetragenen Probleme stets mit dem entwicklungs- und lernpsychologischen Stand der Lernenden konform sein müssen. Darüber hinaus kann die künstliche Erzeugung von Problemen ab einer gewissen Altersstufe kontraproduktiv wirken, da die Schülerinnen und Schüler zwischen realen und künstlichen Problemen unterscheiden lernen und ein vergleichsweise höheres Interesse an echten gesellschaftlichen Problemen und Problemsituationen hervorbringen (ALBERT et al. 2010).

4.7   Konsequenzen für die Unterrichtspraxis

Bei der Suche nach sowie der Gestaltung von Unterrichtseinstiegen wird sich schnell herausstellen, dass die einzelnen didaktischen Funktionen niemals gleichsam in vollem Umfang berücksichtigt werden können. Abbildung 13 zeigt die Wechselwirkungen zwischen diesen einzelnen didaktischen Kernfunktionen des Unterrichtseinstiegs. Die Gewichtung der didaktischen Funktionen des Unterrichtseinstiegs ist

...ätzlich von der Sachstruktur des Unterrichtsthemas, der didaktischen Analyse Unterrichtsinhalts sowie der Lerngruppe abhängig, sodass sich bei jedem Unter- ...chtseinstieg ein unterschiedliches Funktionsmuster ergeben wird. Dennoch sollte jeder Unterrichtseinstieg immer mindestens die Thematisierungsfunktion berücksichtigen, denn „ohne die Formulierung des Themas am Ende einer jeden Einstiegsphase ist jeder Einstieg verschenkt" (LACH & MASSING 2007, S. 210).

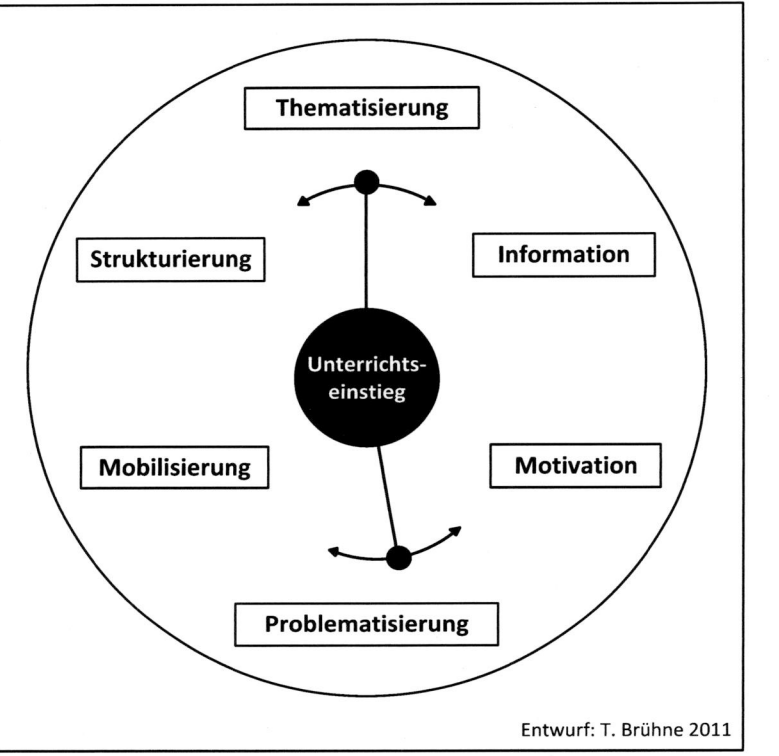

Entwurf: T. Brühne 2011

Abbildung 13: Unterrichtseinstiege und ihre didaktischen Funktionen.

5 Klassifikation von Unterrichtseinstiegen

Die allgemeinpädagogische und fachdidaktische Literatur bietet keine einheitliche Differenzierung von Unterrichtseinstiegen. In Abhängigkeit unterschiedlicher Lehr- und Lernmodelle existieren somit verschiedene Klassifikationen von Unterrichteinstiegen. Zudem ergibt sich in der Literatur das Problem, dass Begriffe wie Motivationsphase, Einstiegsphase, Anknüpfung und Unterrichtseinstieg selten differenziert dargestellt und somit oftmals synonym verwendet werden. Die vorgenommenen Einteilungen von Unterrichtseinstiegen richten sich mehrheitlich nach den eingesetzten Medien oder den verwendeten Unterrichtsmethoden. Teilweise ist eine Unterscheidung nach dem Grad der Lehrerlenkung sowie Schülerselbstständigkeit ersichtlich. Im Folgenden soll ein kurzer Überblick wesentlicher Klassifikationsmöglichkeiten skizziert werden.

5.1 Direkte und indirekte Unterrichtseinstiege

LIPSKI (1981) unterteilt auf Grundlage einer dreijährigen Unterrichtsanalyse den Unterrichtseinstieg in den direkten und indirekten Unterrichtseinstieg. Der indirekte Unterrichtseinstieg ist dadurch gekennzeichnet, dass die Lehrperson das Problem nicht unmittelbar ansteuert, sondern durch wiederkehrende Wendungen „entweder an die Hausaufgabe erinnert, den erreichten Stand fixiert, eine Leistungskontrolle vorschaltet oder eine allgemeine bzw. auch spezifische Zielangabe für die Stunde macht" (LIPSKI 1981, S. 399). Der direkte Einstieg hingegen zielt unmittelbar auf das Problem der Unterrichtsstunde ab und verzichtete auf einleitende Bemerkungen, die sich auf den vorangehenden Unterrichtsstoff beziehen. In diesem Zusammenhang deklassiert LIPSKI (ebd.) den indirekten Unterrichtseinstieg als antimotivierendes Modell und beschreibt unterschiedliche alternative direkte Unterrichtseinstiege für das Fach Geschichte (vgl. Tabelle 4).

Tabelle 4: Klassifikation von Unterrichtseinstiegen nach LIPSKI (1981).

INDIREKTER, KONSTANTER EINSTIEG	DIREKTER VARIABLER EINSTIEG
Stereotype Erwähnung des bekannten Unterrichtsstoffs	Lehrervortrag
Verbal gleiche Zielangabe ohne Erwähnung des bekannten Unterrichtsstoffs	Auflegen einer Folie
Stereotype Frage nach der Hausaufgabe, Verweilen bei der Wiederholung	Zeigen eines Dias, dazu Arbeitsauftrag
	Einsatz der Karte
	stummes Anschreiben einer Überschrift, These, Frage, eines Datums
	Zeigen eines Bildes oder einer Karikatur
	Verteilen eines Arbeitsblattes und Abspielen eines Tonträgers
	Verteilen eines Quelltextes mit Arbeitsaufträgen
	Vorlesen eines Zeitungsartikels
	Verteilen eines Arbeitsblatts und Vorführen eines Films

5.2   Typen von Unterrichtseinstiegen nach Intention

SCHNEIDER (1999) kategorisiert den Unterrichtseinstieg nach den zentralen Zielen, die der Unterrichtsstunde zu Grunde liegen (vgl. Tabelle 5). „Die Graphik soll einen – sicherlich nur sehr formalistischen – Überblick über die verschiedenen Einstiegsfiguren geben; sie unterscheidet die Typen nach den hauptsächlichsten Zielen, die in der Einstiegsphase angestrebt werden, und ordnet diesen Typen der besseren Übersichtlichkeit wegen jeweils nur die bei der Verfolgung der Ziele am geeignetsten erscheinenden Medien zu" (SCHNEIDER 1999, S. 25). Bei dieser Differenzierung verweist er gleichzeitig auf die Möglichkeit, identische Materialien mit unterschiedlichen Intentionen zu kombinieren und macht dadurch auf Überschneidungseffekte innerhalb der Typisierung aufmerksam.

Tabelle 5: Klassifikation von Unterrichtseinstiegen nach SCHNEIDER (1999).

TYP 1	TYP 2	TYP 3	TYP 4
WECKUNG DES SCHÜLERINTERESSES	AKTIVIERUNG VON VORWISSEN	PROBLEMATISIERUNG DES UNTERRICHTS-GEGENSTANDES	BERUHIGUNG, DISZIPLINIERUNG DER SCHÜLER
Einstimmung, Verfremdung, Brainstorming	Nachfrage, Überprüfung, Information, Erinnerung, Wiederholung, Verknüpfung von Bekanntem mit Unbekanntem	Provokation, Bluff, Schock, Kontraste, Vergleich, Zuspitzung, Akzentsetzung	Meditation, Suggestion
EINGESETZTE MEDIEN			
Feature, Sachüberreste, autobiographische und erzählende Texte, Lokaltermin, Erkundung, Erzählung	Befragung, Interview, Rätsel, Puzzle, Rollenspiel, Streitgespräch, gelenktes Gespräch, fiktiver Dialog	kontroverse Quellen, Film, Video, Karikatur, Zeitungsberichte	Traumreise, Zeitreise

5.3 Lehrer- und schülerzentriertes Konzept des Unterrichtseinstiegs

WELLENHOFER (1997) differenziert die Eröffnungsphase des Unterrichts in ein lehrerzentriertes und schülerzentriertes Konzept und nennt mögliche Beispiele der Realisierung (vgl. Tabelle 6). Bei dieser Klassifikation ist insgesamt eine starke Orientierung an der Sachstruktur erkennbar, auch wenn in beiden Kategorien auf eine emotionale Akzentuierung verwiesen wird. Darüber hinaus werden die genannten Ansätze (das Rätselhafte, das Problematische, das Fehlerhafte usw.) zur Förderung einer sachbezogenen Motivation sowie die möglichen Lehrakte (Vorführung, Verarbeitungsgespräch, Sachimpuls usw.) den Bereichen nicht weiter zugeordnet.

Tabelle 6: Klassifikation von Unterrichtseinstiegen nach WELLENHOFER (2002).

LEHRERZENTRIERTES KONZEPT	SCHÜLERZENTRIERTES KONZEPT
Bericht	originaler Gegenstand
Erzählung	Experiment
Schilderung	Bild, Film
Frage	Text
Problemstellung	Zahlen und Diagramme
Erarbeitungsgespräch	didaktisches Lehrmaterial
Ansätze für eine sachbezogene Motivation: das Rätselhafte, das Problematische, das Fehlerhafte, das Andersartige, das Brauchbare, das Provozierende, das Fragwürdige, das Erschütternde, das Unvollständige, das Unglaubwürdige, das Unbekannte, das Überraschende, das Ungewöhnliche	
Mögliche Lehrakte: Erarbeitungsgespräch, Verarbeitungsgespräch, Kurzbericht, Kurzerzählung, Kurzbeschreibung, Kurzschilderung, Unterrichtsfrage, Unterrichtsimpuls, Demonstration didaktischen Materials, Experiment, Vorführung, Sachimpuls	

5.4   Konventionelle und schüleraktive Unterrichtseinstiege

MEYER (1987b) orientiert sich bei seiner Klassifikation von Unterrichtseinstiegen an den funktionalen Kriterien Lehrerzentriertheit, Schüleraktivität, Anschaulichkeit, Handlungsorientierung und kognitive Ausrichtung. So gelangt er zur Aufstellung der folgenden Kategorien von Unterrichtseinstiegen: konventionelle, sinnlich-anschauliche, erfahrungsorientierte und schüleraktive Unterrichtseinstiege (vgl. Tabelle 7). Dabei ist zu beachten, dass MEYER (1987b) mit seiner Klassifikation keinen Anspruch auf Vollständigkeit erhebt, sondern lediglich Beispiele zur Begründung seiner Kategorien vorstellt. Als konventionelle Unterrichtseinstiege gelten in erster Linie stark lehrerzentrierte und verkopfte Einstiegsformen, bei denen die Lehrperson als Moderator fungiert, das heißt, sie stellt beispielsweise Materialien zur Verfügung, beantwortet Fragen zur Durchführung, während die Schülerinnen und Schüler diese Phase des Unterrichts durch Eigenaktivität bestimmen. Die Unterrichtseinstiege der Kategorie sinnlich-anschaulich sprechen möglichst viele Sinne der Schülerinnen und Schüler an. Zudem sind die dieser Kategorie zugeordneten Unterrichtseinstiege stärker auf das Thema ausgerichtet. Somit gehören das Interview, die Reportage, die Thematische Landkarte, Comics, Cartoons, Karikaturen und der Lehrfilm in diese Kategorie. Die sinnlich-anschaulichen Unterrichtseinstiege beziehen sich „immer noch einseitig auf die Information des Schülers über den neuen Unterrichtsstoff [...], sie verpacken diese Information jedoch in lebendige, visuell anregende Formen" (ebd., S. 137).

MEYER (1987b) zählt zu seiner Einteilung auch Unterrichtseinstiege ohne ko thematische Anbindung. Daher fasst er die Hausaufgabenkontrolle und die übende Wiederholung unter die Bezeichnung konventionelle, zumeist stark lehrerzentrierte und verkopfte Unterrichtseinstiege. In diese Kategorie gehört neben diesen beiden Möglichkeiten auch der informierende Unterrichtseinstieg (GRELL & GRELL 2000). Merkmale dieser Kategorie sind, dass der Unterrichtseinstieg über Wiederholung, Rückblick und Vorausschau gelingt, da nach MEYER (1987b) mittels Wiederholung und Rückblick auf vergangene Lerngegenstände erst die Grundlage für kommende Lern- inhalte geschaffen werden kann. Die Vorausschau, beispielsweise beim informieren- den Unterrichtseinstieg, legt hingegen das geplante Unterrichtskonzept der Lehrper- son offen und ist somit für die Schülerinnen und Schüler einsichtig.

Tabelle 7: Klassifikation von Unterrichtseinstiegen nach MEYER (1987b).

KONVENTIONELL	SINNLICH-ANSCHAULICH	ERFAHRUNGS-ORIENTIERT	SCHÜLERAKTIV
übende Wiederholung	Interview	Widerspruch konstruieren	Vorkenntnisse abfragen
Hausaufgaben-kontrolle	Reportage	verfremden	Karteikarten-Spiel
informierend	thematische Landkarte	provozieren	themenzentrierte Selbstdarstellung
-	Comics, Cartoons, Karikaturen	bluffen und täuschen	vergleichen und kontrastieren
-	Lehrfilm	-	sortieren, auswählen, entscheiden

MEYER (1987b) schreibt der Kategorie der handlungsorientierten, stark lehrerge- lenkten Unterrichtseinstiege einen qualitativ höheren Anspruch in der Gestaltung zu. Dies liegt insbesondere daran, dass „nicht nur mündlich, schriftlich oder bildlich dar- über informiert [wird], was der Inhalt der neuen Unterrichtseinheit ist, sondern [dass] durch einen schüleraktiven, handelnden Umgang die Gelegenheit gegeben [wird], an sich selbst zu erfahren, worum es beim neuen Thema geht (MEYER 1987b, S. 140). Unterrichtseinstiege wie die Konstruktion eines Widerspruchs, das Verrät- seln, Verfremden, Provozieren, Bluffen und Täuschen werden in dieser Kategorie angeführt. Mit dem erfahrungsbasierten Unterrichtseinstieg fordert MEYER (1987b) schüleraktive und handelnde Lernsituationen. Die Einstiegssituation knüpft damit an Erfahrungen an, die die Schülerinnen und Schüler selbst oder ihr unmittelbares Um- feld (z.B. in der Familie) erlebt haben. Der schüleraktive Unterrichtseinstieg ermög- licht den Lernenden darüber hinaus noch einen größeren Einfluss auf Fragestellungen sowie die Auswahl der Lerninhalte. In der Kategorie »schüleraktive Einstiege« erfasst MEYER (1987b) alle Einstiegsmöglichkeiten, die einen höheren Grad an Schülerselbsttätigkeit verzeichnen und bei denen die inhaltliche Lenkung durch die Lehrperson in den Hintergrund tritt. Ähnlich wie bei der Handlungsorientierung sind sie so konzentriert, dass die Schülerinnen und Schüler einen größeren Einfluss auf Fragen und Inhalte haben. Hierzu zählen folgende Unterrichtseinstiegsarten: Vorkenntnisse abfragen, Karteikarten-Spiel, themenzentrierte Selbstdarstellung, vergleichen, kontrastieren, sortieren, auswählen und entscheiden.

Die Unterrichtseinstiege »Vorwegnahme und Verfrühung« grenzt MEYER (1987b) in seiner Klassifikation von den anderen Unterrichtseinstiegsarten ab, da diese nicht unmittelbar vor der Erarbeitungsphase liegen müssen. Hierzu gehören die Programmvorschau, die Vorwegnahme, die Themenbörse und die Schnupperstunde. Er sieht in diesen Unterrichtseinstiegen die zeitliche Abfolge von Unterrichtseinstieg, Erarbeitung- und Ergebnissicherungsphase nicht realisiert, aber sie verlieren dadurch keinesfalls ihre Funktion als Unterrichtseinstieg. Diese Typen von Unterrichtseinstiegen können mehrere Wochen hinweg vor der eigentlichen Behandlung der Themen eingesetzt werden. MEYER (ebd.) sieht in diesem Zusammenhang den Vorteil, dass systematische Vorwegnahmen und Verfrühungen den Unterricht lebendig und perspektivenreich gestalten.

5.5   Lehreraktive und schüleraktive Unterrichtseinstiege

Wenige Jahr später nimmt MEYER gemeinsam mit PARADIES (PARADIES & MEYER 1992) eine zweite Klassifikation vor, die Unterscheidung in lehreraktive und schüleraktive Formen (vgl. Tabelle 8) vorsieht. „Beide Einstiegsformen haben ihre Berechtigung, aber gerade die schüleraktiven Formen werden im Schulalltag leicht vernachlässigt, weil sie eine flexiblere Form der Unterrichtsplanung erforderlich machen" (PARADIES & MEYER 1992, S. 7). Darüber hinaus berücksichtigen PARADIES und MEYER (ebd.) in Form einer didaktischen Landkarte die Symbolisierungsformen Aktion, Spiel, Bild und Sprache des Unterrichtseinstiegs. Als differenzierendes Element dient hierbei der Grad an sprachlicher Vermittlung.

Tabelle 8: Klassifikation von Unterrichtseinstiegen nach PARADIES & MEYER (1992).

Formen der Symbolisierung	HOHER GRAD AN LEHRERLENKUNG	HOHER GRAD AN SCHÜLERSELBSTTÄTIGKEIT
Aktion	szenisches Spiel	Erkundungen
Spiel	Simulationsspiele	offene Spielformen
Bild	Beteiligungsrituale	themenzentrierte Selbstdarstellung
	Denk-Anstöße	sortieren & strukturieren
		Gesprächsformen
Sprache	-	Meditation und Konzentrationsübungen

Die Klassifikation der Unterrichtseinstiege samt didaktischer Landkarte findet sich wenige Jahre später auch in dem Werk von GREVING und PARADIES (1996) wieder: „wir haben sie seitdem mehrfach verändert und für dieses Buch eine neu gestaltete und erweitert Fassung konzipiert" (GREVING & PARADIES 1996, S. 20). GREVING & PARADIES (1996) erweitern die didaktische Landkarte zum Thema Unterrichtseinstiege, die ihre Vorgehensweise zur Klassifikation anschaulich wiedergibt. Diese didaktische Landkarte enthält zahlreiche Einstiegsmöglichkeiten, die in verschiedene Kategorien eingeteilt sind. Die unterschiedlichen Einstiegsmethoden werden dabei nach übergeordneten Kriterien in der didaktischen Landkarte platziert. So bildet die vertikale Achse eine übergeordnete Kategorie, die je nach Platzierungshöhe des betrachteten Unterrichtseinstiegs anzeigt, ob es sich um eine Einstiegsform mit höherem Grad an Lehrerlenkung oder Schülerselbsttätigkeit handelt. Die horizontale Achse, die durch einen Pfeil in der Mitte der Karte repräsentiert wird, ordnet die Einstiege den Merkmalen „eher ganzheitlich und handlungsorientiert" oder „eher sprachlich vermittelt bis verkopft" zu (ebd.). Die Liste der Stundeneröffnungsrituale und der Übungen zum stofflichen Aufwärmen sind durch eine gestrichelte Linie von den anderen Einstiegsmöglichkeiten abgetrennt, denn GREVING & PARADIES (1996) zählen diese aufgrund ihrer Definitionen und didaktischen Funktionen nicht zu den Unterrichtseinstiegen in neue Themen oder -einheiten, die den Schwerpunkt ihrer Darstellung bilden. Sie sind vielmehr als Stundeneröffnungen aufzufassen und dienen als eine Art disziplinierende und stabilisierende Vorphase vor dem Beginn der eigentlichen fachlichen Arbeit. Die Übungen zum stofflichen Aufwärmen sind als Kontrolle des Lernstands und Rückblick auf die vorhergehende Stunde zu verstehen. GREVING & PARADIES (1996) haben dieses Element dennoch in ihrer didaktischen Landkarte erfasst, da sich die Übergänge zu den thematischen Einstiegen oftmals als fließend erweisen. Tabelle 9 bildet die in der didaktischen Landkarte enthaltenen Einstiegsmöglichkeiten ab. Die angesprochene Modifikation der didaktischen Landkarte birgt jedoch nunmehr einige Unklarheiten in sich. Beispielsweise werden assoziative Gesprächsformen der Symbolisierungsform des Spiels anstatt der Sprache zugeordnet; auch die Anführung des Begriffs »Einsteigen« als eine bildliche Form schülerselbstständigen Unterrichtseinstiegs könnte in der Praxis Verwirrung stiften. Zwar handelt es sich bei dem zugeordneten Beispiel der Phantasiereise um ein imaginatives Verfahren. Die in der Psychotherapie häufig eingesetzte Technik zur Entspannung wird jedoch durch eine Sprecherin oder einen Sprecher (im schulischen Kontext mehrheitlich die Lehrperson) initiiert und bedingt lediglich eine kognitive Stimulation der Schülerinnen und Schüler, womit sich in der Praxis die Schülerselbsttätigkeit in Grenzen halten wird.

Tabelle 9: Klassifikation von Unterrichtseinstiegen nach GREVING & PARADIES (1996).

Formen der Symbolisierung	HOHER GRAD AN LEHRERLENKUNG	HOHER GRAD AN SCHÜLERSELBSTTÄTIGKEIT
Aktion	szenisches Spiel	Erkundungen in der Schule und vor Ort
	Lernspiele	offene Spielformen
Spiel	Simulationsspiele	assoziative Gesprächsformen
Bild	Schnupperstunden	sortieren & strukturieren
		einsteigen
	Denk-Anstöße	kooperative Gesprächsformen
Sprache	informierende Unterrichtseinstiege	themenzentrierte Selbstdarstellung

Die dargelegten Klassifikationsmöglichkeiten nach MEYER (1987b) sowie nach GREVING & PARADIES (1996) beinhalten feine Unterschiede und verdeutlichen die Tatsache, dass sich in der Literatur bislang kein einheitliches Einteilungsmuster für die Vielzahl an Unterrichtseinstiegen durchgesetzt hat. MEYER (1987b) differenziert beispielsweise lediglich zwischen fünf Kategorien des Unterrichtseinstiegs und nimmt im Gegensatz zu GREVING & PARADIES (1996) eine wesentlich gröbere Einteilung vor. Dies liegt vor allem an der Wahl seiner Kriterien. Seine Kriterien entsprechen vereinfacht zwar den Achsen der didaktischen Landkarte nach GREVING & PARADIES (1996). Diese haben innerhalb ihrer Achseneinteilung jedoch noch zwischen den Einstiegsarten differenziert, wie etwa nach didaktischer Funktion und den Lernzielen. Die beiden Klassifikationen sind die bekanntesten Einteilungsschemata und aufgrund ihrer durchdachten Systematik in der Literatur weitgehend anerkannt. Die Vorteile der Klassifikation nach GREVING & PARADIES (1996) liegen vor allem in der Vollständigkeit ihrer Ausführungen. Sie geben eine detaillierte Einordnung mit fast allen Einstiegsmöglichkeiten an, die zudem in ihrer Arbeit bezüglich ihrer didaktischen Funktionen und ihrer Ziele diskutiert werden. Die Klassifikation nach MEYER (1987b) ist weniger durchstrukturiert, dennoch bietet dieses Einteilungsmuster einen guten Überblick über die Thematik.

5.6 Neuklassifikation von Unterrichtseinstiegen

Im Folgenden soll eine leicht modifizierte Klassifikation für Unterrichtseinstiege vorgestellt werden, die die bisherigen Einteilungsversuche der Literatur miteinander in Verbindung bringt und strukturiert. In dieser Systematisierung soll der Unterrichtseinstieg nach dem Grad an Lehrer-, Schüler- und Handlungszentrierung klassifiziert werden (vgl. Abbildung 14). Der lehrerzentrierte Unterrichtseinstieg ist dadurch gekennzeichnet, dass dieser mit Hilfe der Lehrerperson die Schülerinnen und Schüler dabei unterstützt, ein neues Thema oder einen neuen Unterrichtsinhalt zu erschließen. Nur selten erarbeiten sich Schülerinnen und Schüler tatsächlich völlig selbstständig die Fragen und Probleme einer Thematik, womit dem lehrerzentrierten Unterrichtseinstig in der Praxis vermutlich eine zentrale Rolle zukommt. Die Schülerinnen und Schüler haben den Anspruch darauf, dass der Lehrende ihnen den geplanten Lernweg durch Offenlegung transparent macht. Deshalb sollte der Unterrichtseinstieg auch über den Umfang, die Aspekte und Dimensionen des Themas informieren und den Schülerinnen und Schüler aufzeigen, wie am Unterrichtsgegenstand selbstständig gearbeitet werden kann. Der Lehrende besitzt im lehrerzentrierten Unterrichtseinstieg somit eine führende Rolle und schafft wichtige Orientierungsrahmen in der Lernumgebung seiner Lerngruppe. Sobald den Schülerinnen und Schülern der weitere Unterrichtsverlauf bewusst ist, fällt es ihnen leichter, inhaltlich Anschluss zu finden, mitzudenken und den Unterricht mitzugestalten. Während dieses Prozesses sollte die Lehrkraft aber nicht nur rein verbale Informationen einsetzen, sondern auf eine ganzheitliche, sinnlich-anschauliche und schüleraktive Gestaltung des Unterrichtseinstiegs achten. Besonders der Einsatz von visuellen Unterrichtsmedien wie Skizzen, Blockbildern, Profilen und Fotos kann den lehrerzentrierten Unterrichtseinstieg in seiner Anschaulichkeit erhöhen.

Die Aufgabe der Lehrerin bzw. der Lehrerin bei einem Unterrichtseinstieg besteht darin, Lernumgebungen und Denkräume zu erschaffen, durch die die Schülerinnen und Schüler selbst aktiv werden können. Dazu kann beispielsweise die gemeinsame Organisation des Unterrichts zählen. Die Beteiligung der Schülerinnen und Schüler an ihren Lernprozessen, deren gemeinsame Planung und Strukturierung, schafft zusätzliche Lernmotivation und vermittelt ihnen ein Stück Sicherheit. Den Schülerinnen und Schülern kann dadurch das Gefühl vermittelt werden, dass sie in der Auseinandersetzung mit den neuen Lerninhalten nicht allein gelassen werden. Dem schülerzentrierten Unterrichtseinstieg kommt somit eine besonders wichtige Aufgabe zu. Er soll Schülerinnen und Schülern ihre Neugier und Erkenntnisbedürfnisse aufrechterhalten, die Lust an Alternativen, den Spürsinn für Kritik, den Zweifel an den Selbstverständlichkeiten anregen und weiterentwickeln. Das Staunen, Fragen und die Verwunderung sind wichtige Merkmale des schülerzentrierten Unterrichtseinstiegs.

Aus dem Ansatz der Handlungsorientierung ist bekannt, dass sich die Schülerinnen und Schüler im Unterricht so oft wie möglich handelnd mit dem Thema auseinandersetzen sollten (GUDJONS 2008). Durch Handlungssituationen im Unterricht können sie ihr Interesse entdecken, individuelle Stärken bzw. Schwächen erkennen, neue Informationen strukturieren lernen und diese an ihr Vorwissen anbinden. Insbesondere mit Blick auf die heute immer stärker eingeschränkten Primärerfahrungen von Kindern und Jugendlichen sind handlungsorientierte und erarbeitende Unterrichtsmomente empfehlenswert. Der handlungszentrierte Unterrichtseinstieg kann die zahlreichen lernpsychologischen Vorteile des handlungsorientierten Lehrens und Lernens (GUDJONS 2008) gewährleisten.

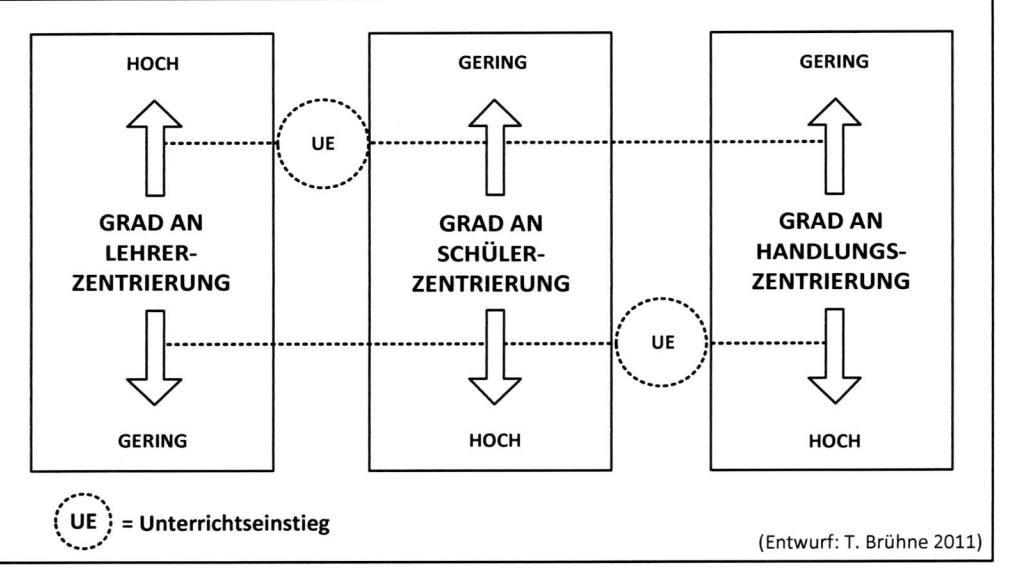

Abbildung 14: Klassifikation von Unterrichtseinstiegen.

Abbildung 14 visualisiert die Klassifikation der Unterrichtseinstiege. Bei genauer Betrachtung wird deutlich, dass ein hoher Grad an Lehrerzentrierung zwangsläufig einen niedrigeren Grad an Schülerzentrierung sowie an Handlungszentrierung nach sich zieht. Umgekehrt nimmt sich die Lehrkraft bei einem schülerzentrierten sowie handlungszentrierten Unterrichtseinstieg stark in ihrer Rolle zurück, sodass diese Kategorie des Unterrichtseinstiegs einen niedrigeren Grad an Lehrerzentrierung aufweist. Der Zusammenhang zwischen dem Grad an Schülerzentrierung und Handlungszentrierung verläuft hingegen weitgehend parallel. Der höchste Grad an Schülerzentrierung bedeutet damit immer auch den höchsten Grad an Handlungszentrierung. Nahezu jeder Unterrichtseinstieg kann in diese Klassifikationssystematik eingeordnet werden und somit auf den jeweiligen Zentrierungsgrad überprüft werden.

Die nachfolgend vorgestellten Unterrichtseinstiege basieren auf dieser Klassifikation, dienen grundsätzlich der Anregung zur Gestaltung von Unterrichtseinstiegen und besitzen allgemeingültigen Charakter. Auf die explizite Formulierung und Darstellung fachspezifischer Unterrichtseinstiege wurde bewusst verzichtet, da das dadurch entstehende Einstiegsmethodenrepertoire nicht alle fachimmanenten Unterrichtsvariablen gleichsam berücksichtigen könnte. Die Anregungen zu den einzelnen Unterrichtseinstiegen sind deshalb so allgemein konzipiert, dass sie sich auf alle schulischen Unterrichtsfächer und Bildungseinrichtungen beziehen lassen. Grundsätzlich gilt bei allen Unterrichtseinstiegen, dass diese aus der thematischen und inhaltlichen Sachstruktur entwickelt werden müssen. Ein fertiges Raster fachspezifischer Unterrichtseinstiege mit explizit dargelegten Handlungsanleitungen würde vermutlich zu einer systematischen Vernachlässigung des didaktischen Lehrgedankens führen, da didaktische Situationen nicht auf Papier, sondern in den Köpfen ausgebildeter Lehrerinnen und Lehrer entstehen.

6 Lehrerzentrierte Unterrichtseinstiege

Der Unterrichtseinstieg dient der Lehrperson unter anderem dazu, dass die Aufgabenstellung von den Schülerinnen und Schülern angenommen und eine gemeinsame Orientierungsgrundlage für den zu erarbeitenden Lerngegenstand hergestellt wird. Der Unterrichtsgegenstand muss arrangiert und organisiert werden, bevor die Schülerinnen und Schüler selbstständig daran arbeiten können. Dies legt oft eine führende Rolle der Lehrperson nahe. Lehrerfokussierte Aktionsformen im Unterrichtsverlauf wie der stark lehrerzentrierte Unterrichtseinstieg stellen den Anspruch an die Lehrperson, neue Kompetenzdimensionen gezielt anzubahnen, die den Schülerinnen und Schülern noch weitgehend unbekannt sind und die sie sich erst im Verlauf des Unterrichts selbsttätig aneignen. Zu den klassischen lehrerzentrierten Unterrichtseinstiegsformen gehören beispielsweise die inhaltliche Wiederholung, die Hausaufgabenkontrolle, der informierende Unterrichtseinstieg sowie der medialgeprägte Unterrichtseinstieg. Lehrerzentrierte Unterrichtseinstiege sind durch eine hohe Dominanz der Lehrperson und eine überwiegend rezeptive Haltung der Schülerinnen und Schüler gekennzeichnet. Ein großes Problem stellt hierbei die geringen Möglichkeiten an Binnendifferenzierung und die Gefahr der kognitiven Über- oder Unterforderung der Schülerinnen und Schüler dar. Als positive Elemente dieser Kategorie an Unterrichtseinstiegen sind Aspekte wie systematische Vermittlung der Inhalte, kognitive Aktivierung, Strukturierung der Lerninhalte, Schulung der Informationsaufnahme und effizientes Zeitmanagement hervorzuheben.

6.1 Der wiederholende Unterrichtseinstieg

Zu jedem Zeitpunkt, indem der Mensch etwas Neues lernt, eine Erinnerung bildet oder Stress erlebt, ändert sich die biochemische Struktur des Gehirns auf neuronaler Ebene und beeinflusst dadurch den Wahrnehmungs- und Informationsfluss. Dies wird als neuronale Plastizität bezeichnet (GERRIG & ZIMBARDO 2008). Ergebnisse der modernen Gehirnforschung können belegen, dass sich neuronale Verknüpfungen als Informationsspeicher im Gehirn stabilisieren, wenn diese Bereiche hinreichend aktiviert werden. Dafür ist ein Wiederholen im Arbeitsgedächtnis erforderlich, bei dem das Zusammenfassen wesentlicher neuer Informationen und das Vergleichen mit vorhandenen Wissensbeständen von besonderer Bedeutung sind. Das elaborierende Wiederholen im Arbeitsgedächtnis bildet die Grundlage für die Verknüpfung von Informationen mit bereits bekannten Wissensbeständen des Langzeitgedächtnisses.

Dadurch kann vorhandenes Wissen aus dem Langzeitgedächtnis abgerufen und neue Wissenseinheiten langfristig verankert werden (GERRIG & ZIMBARDO 2008). Obwohl das erneute Aktivieren durch Wiederholung und Übung sowie auch das elaborierende Wiederholen aus Sicht der kognitiven Theorien des Lernens so enorm wichtig sind, wird die Übungs- und Wiederholungsphase im Unterricht aufgrund vielfach empfundenen Stoff- und Zeitdrucks oftmals vernachlässigt. Die Lernpsychologie empfiehlt regelmäßig etwa ein Viertel der Lernzeit für die Wiederholung einzuplanen, um dem Vergessen durch Interferenzen (neue Informationen verdrängen vorhandene) und Spurenverfall (Entziehen der Aufmerksamkeit einer aktivierten Information) entgegenzuwirken (WOOLFOLK 2008). Dies würde etwa fünf bis zehn Minuten pro Unterrichtsstunde entsprechen – genau jene Zeiteinheit im Lernprozess, die der Unterrichtseinstieg in Anspruch nehmen könnte. Auch hier bewährt sich das Prinzip, neue Inhalte an bereits bekannte Wissensstrukturen anzuknüpfen bzw. Transferaufgaben zu erzeugen. Der wiederholende Unterrichtseinstieg eignet sich dafür besonders gut und nimmt wenig Unterrichtszeit in Anspruch. Eine möglichst kurze und konzentrierte Anknüpfung an den Lernstoff der vorherigen Unterrichtsstunde, an gewonnene Erkenntnisse oder noch offen stehende Probleme, erarbeitete Lösungswege und Meinungen dienen hierbei als strukturierende Gedächtnishilfe für die Schülerinnen und Schüler. Außerdem besitzt der wiederholende Unterrichtseinstieg eine Kontrollfunktion für die Lehrperson, denn so kann festgestellt werden, ob und wie bestimmte Kompetenzbereiche angebahnt wurden und welche Teilbereiche noch aufzuarbeiten sind. Die Wiederholungsphase dient zudem als Instrument der Selbstkontrolle für die Schülerinnen und Schüler, indem sie ihre Probleme und Schwierigkeiten bei der Erledigung der Hausaufgaben einbringen können. Wiederholungen und Übungen im Unterrichtseinstieg wirken insgesamt disziplinierend auf die Lerngruppe, da sie dem Lernstoff einen hohen Grad an Verbindlichkeit entgegenbringen.

Anregungen für einen wiederholenden Unterrichtseinstieg

- o Die Schülerinnen und Schüler versuchen, die gewonnenen Erkenntnisse der letzten Unterrichtsstunde in einem Satz wiederzugeben. Hierfür bietet sich eine Meldekette an, bei der sich die Schülerinnen und Schüler gegenseitig aufrufen.
- o Die Lehrperson erläutert die wesentlichen Ergebnisse der letzten Unterrichtsstunde und transferiert diese auf ein weiteres exemplarisches Beispiel.
- o Thematisierung der Hausaufgaben

Abbildung 15: Der wiederholende Unterrichtseinstieg.

Durch den thematisch-einführenden Unterrichteinstieg erhalten die Schülerinnen und Schüler Gelegenheiten, die wichtigsten Elemente des neuen Themas wie Hauptprobleme, mögliche Fragestellungen sowie Alltagsrelevanz systematisch zu erfassen. Dieser Typ des Unterrichtseinstiegs ist stark an der kognitiven Wissensperspektive der Lernenden orientiert und basiert darauf, dass die Lehrperson die Intentionen der neuen Unterrichtssequenz oder -einheit transparent macht. Bei dem thematisch-einführenden Unterrichtseinstieg geht es darum, alle Schülerinnen und Schüler kognitiv in das neue Thema einzuleiten. Diese Form des Unterrichtseinstiegs bietet sich besonders an, wenn überwiegend Fachbegriffe, Fachkenntnisse, Regelhaftigkeiten, oder andere komplexe Sachverhalte wie Modelle und Theorien erläutert werden sollen. Dabei können die Schülerinnen und Schüler nicht nur in zentrale Aspekte des neuen Themas eingeführt, sondern gleichzeitig über zentrale Informationen des neuen Themas, die Herangehensweise sowie die Zielsetzung der weiteren Unterrichtssequenz informiert werden. Der thematisch-einführende Unterrichtseinstieg soll den Schülerinnen und Schülern einen Orientierungsrahmen vermitteln, auf das anstehende Unterrichtsthema vorbereiten sowie an die zentralen Aspekte der Sachstruktur heranführen (GREVING & PARADIES 1996). Weitere Merkmale dieses Unterrichtseinstiegs sind, die Schülerinnen und Schüler zu motivieren, zu informieren, das Interesse am Thema zu wecken sowie möglichst nahe an ihre Vorerfahrungen und -kenntnisse anzuknüpfen. Der thematisch-einführende Unterrichtseinstieg kann explizit an den Lernvoraussetzungen der Schülerinnen und Schüler orientiert sein, ist in der Regel stark kognitiv geprägt und soll die Lernenden zum Denken und Handeln anregen. Für die Einführung eines neuen Themas stehen der Lehrperson viele unterschiedliche Möglichkeiten zur Auswahl. Dies kann beispielsweise durch Erzählungen, einen Lehrervortrag, eine Erklärung oder Erläuterung, aber auch durch Vormachen und Vorzeigen geschehen.

Anregungen für einen thematisch-einführenden Unterrichtseinstieg

- o Die Lehrperson erläutert die Besonderheiten des neuen Unterrichtsthemas in Form eines Reiseberichts.
- o Die Lehrperson stellt eine Mindmap oder ein Cluster des neuen Themas vor und die Schülerinnen und Schüler überlegen sich mögliche Frage- und Problemstellungen zu den einzelnen Verästelungen.

Abbildung 16: Der thematisch-einführende Unterrichtseinstieg.

6.3   Der inhaltlich-strukturierende Unterrichtseinstieg

Durch den inhaltlich-strukturierenden Unterrichtseinstieg wird den Schülerinnen und Schülern eine Übersicht über den geplanten Stundenverlauf präsentiert. Anhand dieses Unterrichtseinstiegs kann die Lehrperson die beabsichtigten Zielsetzungen des Unterrichts gemeinsam mit den Schülerinnen und Schülern begründen und diskutieren. Bei diesem Unterrichtseinstieg ist die Lehrkraft somit in erster Linie für die Gestaltung der äußeren Rahmenbedingungen des Unterrichts verantwortlich. In diesem Zusammenhang wird beispielsweise auch von dem sogenannten »advance organiser« gesprochen. Der Begriff steht für eine Organisationshilfe im Unterricht. Mit dem »advance organiser« werden Schülerinnen und Schüler die Hauptideen präsentiert, die im neuen Thema eine zentrale Funktion besitzen und sich mit dem vorhandenen Wissen verknüpfen lassen (HELMKE 2010). Ein »advance organiser« hilft den Schülerinnen und Schülern insbesondere, ihr Vorwissen zu aktivieren, den neuen Unterrichtsstoff zu strukturieren und ihre vorhandenen Wissensbausteine inhaltlich einzubringen. Dabei sollen anschauliche Beispiele, Analogien gewählt, wichtige Inhalte des Unterrichtsgegenstands hervorgehoben sowie die Zielsetzungen der Unterrichtsstunde klar formuliert werden. Die Schülerinnen und Schüler erhalten somit zudem einen klaren didaktischen Orientierungsrahmen: Der geplante Unterrichtsverlauf, die zentralen Inhalte der Unterrichtsstunde sowie die methodischen Erfordernisse und Unterrichtsschritte werden ihnen ersichtlich. Diese Art des Unterrichtseinstiegs kann in nahezu allen Unterrichtsfächern und Themengebieten eingesetzt werden. Wichtig ist hierbei, dass die Schülerinnen und Schüler bereits die Fähigkeiten des Sortierens und Strukturierens besitzen und einzelne Sachverhalte nach übergeordneten Gesichtspunkten und Gemeinsamkeiten systematisierend darstellen können. Schülerinnen und Schüler müssen dafür in der Lage sein, zu abstrahieren und Wichtiges von Unwichtigem zu unterscheiden. Das Ergebnis des Unterrichtseinstiegs führt somit oftmals zu einer neuen Erkenntnis, die der Strukturierung des Themas dient (vgl. GREVING & PARADIES 1996).

Anregungen für einen inhaltlich-strukturierenden Unterrichtseinstieg

o   Die Lehrperson präsentiert den Schülerinnen und Schülern systematisch mittels repräsentativer Abbildungen und Fotos Fragestellungen und Problemstellungen des Unterrichtsgegenstands.

o   Die Lehrperson liest unterschiedliche Themenaufhänger aus den Zeitungen bzw. aus populärwissenschaftlichen Magazinen vor. Die Schülerinnen und Schüler versuchen wichtige Probleme und Fragestellungen herauszufiltern. In einem Unterrichtsgespräch werden die Möglichkeiten dann an der Tafel gemeinsam strukturiert.

Abbildung 17: Der inhaltlich-strukturierende Unterrichtseinstieg.

Indem die Lehrperson einen Lehrervortrag hält, eine Geschichte erzählt und dabei etwas »vormacht« oder »vorzeigt«, bietet sie der Lerngruppe Impulse und Denkanstöße. Die darin enthaltenen Sachinformationen sollten deshalb so ansprechend wie möglich vermittelt werden, da die Schülerinnen und Schüler die Rolle des Zuhörers einnehmen und ihre Aufmerksamkeit aufrecht erhalten bleiben muss. Der Lehrervortrag ist ein stark lehrerzentrierter Unterrichtseinstieg und kommt schnell zum Kern der Sache. In diesem Zusammenhang wird auch oftmals vom informierenden Unterrichtseinstieg gesprochen. Das Konzept des informierenden Unterrichtseinstiegs beruht auf der Annahme, dass die Lernbereitschaft der Schülerinnen und Schüler durch eine klare Präsentation dessen, was gelernt werden soll, besonders gefördert wird. Wichtig ist hierbei, dass der Lerngruppe das Stundenthema, die Vorgehensweise und Zielsetzung dargelegt und begründet wird. Dieser Unterrichtseinstieg bietet sich überwiegend für ältere und leistungsorientierte Lerngruppen an. Bei jüngeren, leistungsschwächeren und undisziplinierten Schülerinnen und Schülern kann er aber auch zu einem Ritual erhoben werden, das die Klassenführung zu Beginn der Unterrichtsstunde wiederherstellt. Die Lehrkraft kann durch diesen Typ Unterrichtseinstieg über die gesamte Dauer des Unterrichtseinstiegs die Kontrolle behalten und gleitlose Übergänge zu weiteren Unterrichtsphasen konstruieren.

Durch den Lehrervortrag kann die Lehrperson die Lerngruppe an ein neues Thema heranführen und gleichzeitig eine inhaltliche Struktur vorgeben. Die Schülerinnen und Schüler bleiben in einer passiven Rolle und versuchen, das Vorgetragene aufzunehmen. Eine aktive Beteiligung seitens der Schülerinnen und Schüler ist nur über Rückfragen oder ein anschließendes Lehrer-Schüler-Gespräch möglich. Diese Form des Unterrichtseinstiegs ermöglicht dem Lehrer, abstrakt zu veranschaulichende Situationen und theoretische Erklärungen zu vermitteln. Zudem kann durch den Lehrervortrag mehr Unterrichtsstoff in kürzerer Zeit vermittelt werden. Allerdings ist hierbei zu prüfen, ob die Schülerinnen und Schüler in der Lage sind, die vielen Informationen in der kurzen Zeitspanne des Vortrags vollständig aufzunehmen und gleichzeitig kognitiv zu verarbeiten. Die Informationen des Lehrervortrags treffen als akustische Reize auf das sensorische Gedächtnis. „Die Kapazität des sensorischen Gedächtnisses ist sehr groß und kann deshalb auch mehr Informationen aufnehmen als wir gleichzeitig verarbeiten können. Aber diese riesengroße Menge sensorischer Informationen bleibt nur kurzfristig erhalten. Sie bleibt zwischen einer und drei Sekunden" (WOOLFOLK 2008, S. 310). Die Informationen des Lehrervortrags werden dann im Arbeitsgedächtnis weiterverarbeitet, dessen Kapazität stark begrenzt ist. „Sie beträgt etwa 5 bis 20 Sekunden, es sei denn man wiederholt die Information ständig oder bearbeitet sie auf andere Weise" (WOOLFOLK 2008, S. 316). Aus diesen Gründen sind die Vortragsdauer sowie die Informationsflut dieses Typs Unterrichtseinstiegs deutlich zu begrenzen. Das visuelle Veranschaulichen sowie das Wiederholen zentraler Informationen am Ende einer Sinneinheit können den Schülerinnen und Schüler das Aufnehmen der Informationen erleichtern und den Unterrichtseinstieg dennoch interessant gestalten. Zudem darf nicht vergessen werden, dass Schülerinnen und Schüler im Verlauf ihres Unterrichtseinstiegs immer wieder Phasen der körperlich-seelischen Entspannung brauchen. Der Lehrervortrag verlangt der Lerngruppe ihre geistige Aufmerksamkeit ab und bietet dabei gleichzeitig eine Art der körperlichen Ruhephase. Dadurch kann die Aufmerksamkeit der Schülerinnen und Schüler gezielt kanalisiert und auf den weiteren Unterrichtsverlauf gebündelt werden.

Anregungen für einen Lehrervortrag als Unterrichtseinstieg

- o Die Lehrperson hält einen Impulsvortrag über aktuelle Ereignisse aus den Medien oder Fakten aus der Forschung zum neuen Thema.
- o Die Lehrperson hält einen Kurzvortrag und begibt sich dabei in die Rolle eines Wissenschaftlers oder Forschers. Die Schülerinnen und Schüler fungieren als Fachpublikum und sammeln während des Vortrags spezielle Fragestellungen, die am Ende an den Referenten herangetragen werden sollen.

Abbildung 18: Der Lehrervortrag als Unterrichtseinstiege.

6.5   Der fragend-entwickelnde Unterrichtseinstieg

Im Rahmen des fragend-entwickelnden Unterrichtseinstiegs versucht die Lehrperson, ihre Lerngruppe kleinschrittig, meist mit Hilfe von Frage-Antwort-Verkettungen, durch die Thematisierung eines Problems oder einer Problemsituation zu einem bereits formulierten Unterrichtziel zu begleiten. Durch gezielte Fragen wird die kognitive Lernstruktur von Schülerinnen und Schüler angeregt, die Vorkenntnisse mobilisiert und der weitere Weg für die Bearbeitung des Themas transparent gemacht. Für diesen Prozess sind souveräne Vorstellungen sowie Sachkenntnisse des Lehrenden über die Problemstruktur eine zentrale Voraussetzung. Die Lehrerfragen des fragend-entwickelnden Unterrichtseinstiegs sind als lernprozessanregende Unterrichtsimpulse zu verstehen und sollten deshalb auch impulsartig an die Schüler herangebracht werden. Die Formulierung von so genannten W-Fragen ist zwar grundsätzlich nicht von Nachteil für diese Anregung des Lernprozesses. Dennoch sollte der fragend-entwickelnde Unterrichtseinstieg im Hinblick auf eine gezielte Gesprächsführung mit den Schülerinnen und Schülern die zahlreichen Facetten der Frage- und Impulstechnik berücksichtigen (vgl. Tabelle 10).

Im Vordergrund aller methodischen Möglichkeiten an Fragen und Impulsen steht die Intention, dass die Schülerinnen und Schüler selbstständig einen Sach- oder Problemzusammenhang entwickeln können. Bevor eine Frage formuliert wird, sollte sich die Lehrperson darüber bewusst sein, was mit der Frage bzw. dem Impuls erreicht werden soll. Mehrfach aufeinander folgende Fragen sind im fragend-entwickelnden Unterrichtseinstieg grundsätzlich zu vermeiden, da sie die Lerngruppe in ihren angeregten Denkvorgängen stark beeinträchtigen. Die Fragen sollten grundsätzlich in der Formulierung kurz und präzise gestellt und grammatikalisch leicht verständlich sein (BORTZ & DÖRING 2006). Im Anschluss an die Frage ist den Schülerinnen und Schülern ausreichend Zeit zum Nachdenken einzuräumen, bevor unmittelbar die nächste Frage oder ein neuer Impuls folgt. Die Lehrkraft muss dabei die thematischen Vorkenntnisse der Schülerinnen und Schüler aufgreifen sowie gleichzeitig ihre Argumentationskompetenz fördern, dabei Irrwege und Missverständnisse zulassen, um den gemeinsamen Denkprozess möglichst transparent zu gestalten. Relevant ist hierbei, dass die Gesprächsform nicht zu formal oder oberflächlich ist, da die Schülerinnen und Schüler insbesondere dazu befähigt werden sollen, eigene Denk- und Lösungswege zu entwickeln. Deshalb sind die Förderung des gegenseitigen aktiven Zuhörens, die Reflexion der eigenen Aussagen sowie ein selbstkritischer Umgang immanent wichtig im Hinblick auf eine erfolgreiche Lehr- und Lernkommunikation.

Neben der fehlenden Interaktion der Schülerinnen und Schüler und der dominierenden Rolle der Lehrerperson gilt besonders die stark gesteuerte Erzeugung des Wissens als pädagogischer Nachteil dieser Unterrichtseinstiegsform. In diesem Kontext ist auf die Gefahr hinzuweisen, dass die bereits durch die Lehrperson ausgewählten Inhalte des Lehrerbewusstseins auf das Bewusstsein der Schülerinnen und Schüler übertragen werden, in anderen Worten: Die Lernenden denken den Weg der Lehrperson nach, ohne dabei die Chance zu erhalten, einen eigenen Weg des Erkenntnisgewinns zu entwickeln. Der didaktische Sinn von Lehrerfragen im Unterricht ist häufig hinterfragt worden, denn eigentlich sollten die Schülerinnen und Schüler ihre Fragen an die Lehrkraft richten und nicht umgekehrt. In der Praxis werden fragend-entwickelnde Unterrichtseinstiege dennoch häufig eingesetzt und bieten auch einige Vorteile. Sie ermöglichen den unmittelbaren Kontakt mit den Schülerinnen und Schülern sowie ein zügiges zeitliches Vorankommen im Unterricht. Diese Form des Unterrichtseinstiegs räumt nur wenigen Schülerinnen und Schülern die Möglichkeit ein, sich selbsttätig mit dem Problem und den damit verbundenen Fragen in einem aktiven Lernprozess auseinanderzusetzen. Deshalb sollte der weitere Unterrichtsverlauf idealerweise durch schülerorientierte Aktionsformen und Handlungsmöglichkeiten ergänzt sein.

Tabelle 10: Arten des fragend-entwickelnden Unterrichtseinstiegs.

ART DER FRAGE / DES IMPULSES	ANREGUNGEN
Entscheidungsimpuls	Legt euch für eine der beiden Sichtweisen fest und begründet eure Entscheidung.
Denkimpuls	Versetzt euch in die Lage der Person und sucht die bestmögliche Lösung.
Problemfrage	Welche Handlungsoption könnte in diesem Fall hilfreich sein?
Kettenfrage	Wer hat an welchem Ort zu welchem Zeitpunkt diese Entscheidung getroffen?
Suggestivfrage	Ihr würdet in dieser Situation doch sicherlich genauso handeln, oder?
Motivationsfrage	Erzähle, wie du auf diese tolle Idee gekommen bist!
Zustimmungs- oder Bestätigungsfrage	Dabei handelt es sich doch um eine gute Sache?
Aktivierende Frage (W-Frage)	Wie heißt doch gleich …? Auf welche Art/Weise …? Was versteht man eigentlich unter …? Wo genau liegt das Problem …?
Rhetorische Frage	Wisst Ihr denn, was es bedeutet, in einer solchen Zeit gelebt zu haben?
Offene Frage	Wie würdet ihr entscheiden?
Geschlossene Frage	Ward ihr schon einmal in einer vergleichbaren Situation?
Alternativ - Frage	Seid ihr für oder gegen die Position?
	(PORST 2009)

6.6   Der Unterrichtseinstieg über Wissenslücken

Etwas Unbekanntes und Verblüffendes, das Lebendige oder Rätselhafte regt die Neugier und Wissbegierde von Schülerinnen und Schülern stärker an als etwas Bekanntes, Fertiges oder Vertrautes (SCHNEIDER 1999). Der Unterrichtseinstieg über Wissenslücken soll den Schülerinnen und Schülern aufzeigen, welche Informationen oder Kompetenzen sie für das Gesamtverständnis eines Sachverhalts noch zu erlangen haben. Dieser Typ Unterrichtseinstieg setzt somit eine differenzierte Kompetenzanalyse der Lerngruppe voraus. Obwohl diese Art des Unterrichtseinstiegs zwangsläufig von der Lehrerperson ausgeht und damit einen hohen Grad an Lehrerzentrierung mit sich bringt, so ist der Grad an Schülerorientierung dennoch vergleichsweise hoch. Die Schülerinnen und Schüler erhalten durch diesen Einstieg umfangreiche Informationen zu einem Problem oder Sachverhalt und das neu erworbene Wissen fügt sich in

Form eines Puzzleteils systematisch in die Lernstruktur ein. Durch die Konfrontation der Lerngruppe mit Wissenslücken können ihr zugleich ihre Möglichkeiten im Lernen bewusst gemacht werden. Dennoch beinhaltet diese Art des Unterrichtseinstiegs einige lernpsychologisch ungünstige Determinanten, da gerade unvollständige Wissensstrukturen auch demotivierend wirken können. Dieser Unterrichtseinstieg besitzt die Gefahr der thematischen Orientierungslosigkeit sowie eine zu starke Betonung der Sachstruktur (vgl. BUDKE 2007).

Anregungen für einen Unterrichtseinstieg über Wissenslücken

- o Die Lehrperson skizziert ein aktuelles Ereignis unter Ausschluss wichtiger Informationen und Sachverhalte und erzwingt dadurch Wissenslücken bei den Schülerinnen und Schülern.
- o Die Lehrperson erzählt eine Geschichte und klammert einige wichtige Ereignisse bewusst aus.
- o Die Lehrperson präsentiert den Schülerinnen und Schülern eine unvollständige Mindmap, die im weiteren Verlauf des Unterrichts zu vervollständigen ist.

Abbildung 19: Der Unterrichtseinstieg über Wissenslücken.

6.7 Der Unterrichtseinstieg über Widersprüche

Der Unterrichtseinstieg über Widersprüche ist ebenfalls der lehrerzentrierten Kategorie zuzuordnen. Hierbei konstruiert die Lehrperson zu Beginn des Unterrichts einen deutlichen inhaltlichen Widerspruch und konfrontiert die Schülerinnen und Schüler mit einer für sie klar erkennbaren gegenständlichen Zweideutung. Die Lerngruppe soll mit dieser Art des Unterrichtseinstiegs dazu motiviert werden, die Hintergründe des Widerspruchs herauszufinden und den Widerspruch aufdecken zu wollen. Somit wird eine auf Neugierde basierende zielgerichtete Fragehaltung angeregt. Die Schülerinnen und Schüler sind nun dazu gewillt, im weiteren Unterrichtsverlauf die zuvor dargelegte Widersprüchlichkeit systematisch zu entschlüsseln. Diese Art des Unterrichtseinstiegs besitzt den Vorteil, dass konträre Fakten bzw. stark variierende Positionen eines Sachverhalts dargestellt und die Schülerinnen und Schüler dabei in ihrer Kritikfähigkeit und Argumentationskompetenz gefördert werden können. Auch die Herausbildung einer eigenen begründeten Meinung sowie die kritische Urteilsfähigkeit sind anzustrebende Kompetenzbereiche des Unterrichtseinstiegs über Widersprüche (vgl. BUDKE 2007).

Anregungen für einen Unterrichtseinstieg über Widersprüche

- Die Lehrperson formuliert eine widersprüchliche Behauptung an der Tafel und präsentiert diese mit voller Überzeugung der Klasse.
- Die Lehrperson schreibt je eine entgegengesetzte Meinung an die linke und rechte Seitentafel und entwickelt daraus den Inhalt der Unterrichtsstunde.

Abbildung 20: Der Unterrichtseinstieg über Widersprüche.

6.8 Der Unterrichtseinstieg über Falschaussagen / Fehldarstellungen

Der Unterrichtseinstieg mittels Falschaussagen ist ebenfalls eine Form der kognitiv-assoziativen Anregung des Gehirns. Falschaussagen sind den Schülerinnen und Schülern vermutlich aus dem Alltag sowie dem Recht und der Rechtsprechung bekannt und üben in der Regel eine faszinierende und lernmotivierende Wirkung aus. Bei der Darstellung von Falschaussagen ist darauf zu achten, dass die Schülerinnen und Schüler erst ab einem gewissen Alter zwischen richtigen und falschen Aussagen deuten können (kurz vor und mit Beginn der Adoleszenz). Das Erkennen des künstlich initiierten Falschen in der Darbietung der Lehrperson ist eine wesentliche Voraussetzung für das Gelingen dieses Unterrichtseinstiegs. Eine weitere Handlungsoption besteht im falschen Vormachen oder fehlerbehafteten Vorzeigen durch die Lehrperson. Die Fehldarstellung einer Handlung oder einer Handlungssituation erzeugt bei den Schülerinnen und Schülern den Drang nach Richtigstellung. Damit können die mobilisierend-aktivierenden Funktionen des Unterrichtseinstiegs geltend gemacht werden.

Anregungen für einen Unterrichtseinstieg über Falschaussagen / Fehldarstellungen

- Die Lehrperson verfasst Falschaussagen zu einem bereits durchgenommenen Unterrichtsinhalt und liest diese der Lerngruppe vor.
- Die Lehrperson schreibt eine sinnlose und fehlerbehaftete Mindmap zum neuen Unterrichtsinhalt kommentarlos an die Tafel und wartet die Reaktionen der Schülerinnen und Schüler ab.

Abbildung 21: Der Unterrichtseinstieg über Falschaussagen.

Für einen Unterrichtseinstieg über die Komplexität eines Themas eignen sich assoziative Methoden. Es gibt mit dem Brainstorming, der Erzeugung eines Clusters sowie dem Mindmapping verschiedene Verfahrensweisen des assoziativen Unterrichtseinstiegs (GREVING & PARADIES 1996). Sämtliche methodische Handlungsalternativen liegen das Ziel zu Grunde, den Gedanken der Schülerinnen und Schüler freien Lauf zu lassen. So kann ein neuer Unterrichtsgegenstand in einer zunächst noch unstrukturierten Unterrichtssequenz und einem möglichst weit gefassten Zusammenhang thematisiert werden. Die Funktionen dieses Unterrichtseinstiegs sind insgesamt vielseitig: Zum einen wird die Kreativität und dadurch auch die Motivation der Schülerinnen und Schüler geweckt. Zum anderen wird die Strukturierungsfähigkeit sowie Kommunikation der Lerngruppe gefördert. Für die Lehrperson hat dieser Unterrichtseinstieg den Vorteil, dass sie das Vorwissen sowie die vagen Vorkenntnisse der Schülerinnen und Schüler über das Themengebiet schnell erfassen kann. Die Schülerinnen und Schüler lernen durch diesen Unterrichtseinstieg, wie ein scheinbar unübersichtliches, komplexes Thema durch die gemeinsame Bearbeitung systematisch inhaltlich durchdrungen wird.

Komplexitätsstrukturen wirken für Lerngruppen herausfordernd, wobei der Grad an zulässiger Abstraktion in der Unterrichtvorbereitung genau zu definieren ist. Der Abstraktionsgrad des dargestellten Unterrichtsgegenstands sollte ein Spiegelbild der fachwissenschaftlichen Sachstruktur sein und keinesfalls künstlich verfälscht werden, da dies für die Lerngruppe später nicht mehr nachvollziehbar ist. Als Regel gilt hier, dass sich die Komplexität aus der Sachstruktur des Themas ableiten lassen muss und beispielsweise dadurch erzeugt werden kann, indem einzelne Schritte der didaktischen Reduktion von der Lehrperson bewusst ausgeklammert werden. Diese inszenierte Komplexität des Unterrichtsgegenstands muss jedoch am Ende der Unterrichtsstunde wieder zu einem Gesamtgefüge zusammengeführt werden. Die Komplexitätsstrukturen sollen die Schülerinnen und Schüler kognitiv herausfordern, dürfen aber niemals überfordernd sein. In diesem Zusammenhang wird deutlich, dass diesem Typ des Unterrichtseinstiegs aufgrund der vorherrschenden Heterogenität im Klassenverband deutlich Grenzen gesetzt sind. Jede Schülerin bzw. jeder Schüler geht mit steigenden Abstraktionsgraden unterschiedlich um, kann diese geistig unterschiedlich aufnehmen, strukturieren und letztlich verarbeiten (vgl. BUDKE 2007).

Anregungen für einen Unterrichtseinstieg über Komplexität

- Die Lehrperson erstellt ein abstraktes Ursache-Wirkungsgefüge an der Tafel, das im weiteren Verlauf der Unterrichtsstunde systematisch erschlossen werden soll.
- Die Lehrperson präsentiert zwei Fallbeispiele, in denen (Umwelt-)Probleme sowie deren Auswirkungen dargestellt werden. Durch Aufbau von Verknüpfungen und Beziehungen entwickelt sich ein erkennbares Muster, ein so genanntes Syndrom.

Abbildung 22: Der Unterrichtseinstieg über Komplexität.

6.10 Der Denkanstoß als Unterrichtseinstieg

Denkanstöße können dazu dienen, den Weg des Erkenntnisgewinns zu fördern. Bei diesem Unterrichtseinstieg sollen die Schülerinnen und Schüler durch einen einfachen Denkanstoß oder eine konkrete Problemsituation zum Nachdenken angeregt und zu einer geistigen Vervollständigung des Unterrichtsgegenstands motiviert werden. Diese Denkanstöße können auch Beschreibungen einer komplizierten Sachlage sein. Ziel dieses Unterrichtseinstiegs ist es, einen kognitiven Konflikt zu erzeugen und dadurch die Schülerinnen und Schüler zum Nachdenken anzuregen.

Anregungen für einen Denkanstoß als Unterrichtseinstieg

- Die Lehrperson verknüpft den neuen Lerninhalt mit Alltagsvorstellungen der Schülerinnen und Schüler und regt diese dadurch zum selbstständigen Denken und Handeln an.
- Die Lehrperson schreibt eine offene, weit gefasste Fragestellung an die Seitentafel und lässt die Schülerinnen und Schüler darüber diskutieren.

Abbildung 23: Der denkanregende Unterrichtseinstieg.

7 Schülerzentrierte Unterrichtseinstiege

Schülerorientierter Unterricht soll den subjektiven und objektiven Bedürfnissen und damit insbesondere den Interessen der Schülerinnen und Schüler gerecht werden. Somit ist der schülerzentrierte Unterrichtsgegenstand dadurch gekennzeichnet, dass er sich an der Lebens- und Alltagswelt der Schülerinnen und Schüler orientiert. Die Lernprozesse sind in einen durch hohe Veranschaulichung geprägten Lehr- und Lehrkontext eingebettet. Das Ziel von schülerzentrierten Unterrichtseinstiegen ist, eine möglichst hohe Motivation für das selbstständige Handeln und Denken der Schülerinnen und Schülern zu initiieren.

7.1 Der thematisch-offene Unterrichtseinstieg

Der thematisch-offene Unterrichtseinstieg besitzt einen dominierenden Selbstbestimmungsanteil seitens der Schülerinnen und Schüler in organisatorischen, inhaltlichen und methodischen Unterrichtsbereichen. So bezeichnet beispielsweise MEYER (2004) mit dem Begriff des offenen Unterrichts alle Varianten eines ziel-, inhalts- und methodendifferenzierten Unterrichts mit einer Betonung der Selbstregulation und hohen Anteilen an Projekt-, Gruppen- und Freiarbeit. Die inhaltliche Öffnung des Unterrichts und insbesondere des Unterrichtseinstiegs bedeutet, dass die Lernenden selbst entscheiden können, mit welcher Thematik sie sich beschäftigen möchten. Im Sinne der Interessenorientierung können so die individuellen Ambitionen der Schülerinnen und Schüler berücksichtigt werden. Grundsätzlich lässt sich zwischen der halbinhaltlichen und der voll-inhaltlichen Öffnung unterscheiden. Bei der halbinhaltlichen Öffnung des Unterrichts sind die verpflichtenden und fakultativen Lerninhalte stets festgelegt. Innerhalb dieses vorstrukturierten thematischen Rahmens (Oberthema) können die Lernenden einen eigenen Schwerpunkt wählen. Die vollinhaltliche Öffnung bietet den Schülerinnen und Schülern hingegen eine freie Wahl möglicher fachbezogener Themen und Inhalte. Der Grad an Offenheit der Lernsituation bezieht sich nicht nur auf die Beteiligung der Schülerinnen und Schüler bei der Inhaltsauswahl, sondern auch auf die Öffnung des Unterrichts im Hinblick auf die Vorerfahrungen der Schülerinnen und Schüler sowie ihre subjektiven Zugänge zum jeweiligen Unterrichtsinhalt. Damit sind auch sehr eng die methodischen Elemente des Lernprozesses selbst verbunden, indem die Schülerinnen und Schüler Entscheidungen treffen, auf welche Art und Weise sie eine Thematik erschließen möchten.

Der thematisch-offene Unterrichtseinstieg lässt sich als spontane Sammlung der Ideen, Vorstellungen und Erfahrungen der Schülerinnen und Schüler zu einem bestimmten Thema charakterisieren. Mithilfe des Unterrichtseinstiegs können Ideen oder Assoziationen zur Konzeptgestaltung der neuen Unterrichtseinheit entwickelt sowie Gedanken und Einstellungen zu einem neuen Thema bewusst gemacht werden. Voraussetzung für das Funktionieren dieses Unterrichtseinstiegs ist die völlige Offenheit und Toleranz gegenüber den Äußerungen der Schülerinnen und Schüler. Der thematisch-offene Unterrichtseinstieg bedeutet für die Lehrperson das Einnehmen einer veränderten Rolle. Die Lehrkraft sollte den Unterricht sorgfältig planen, die Abläufe koordinieren und Schülerinnen und Schüler in ihren individuellen Lernprozessen unterstützen. Offenes Lernen geht somit von einer veränderten Beziehungsstruktur zwischen Lehrenden und Lernenden, von einem veränderten bzw. erweiterten Lernbegriff (aktiv, erfahrungsoffen und handlungsorientiert) sowie von einer veränderten Lernorganisation aus (vgl. BOHL & KUCHARZ 2010).

Anregungen für einen thematisch-offenen Unterrichtseinstieg

o Schülerinnen und Schüler erhalten Einblicke in verschiedene Themengebiete und können aus dem Angebot eigenständig Themen auswählen und sich damit in Partner- oder Gruppenarbeit auseinandersetzen.

o Schülerinnen und Schüler schreiben spontane Gedanken zu einem Thema auf ein Plakat oder an die Tafel. Die Lehrperson kategorisiert die am häufigsten genannten Themen in Themenbereiche.

o Die Lehrperson schreibt verschiedene Themen auf Themenkarten, verteilt diese und die Schülerinnen und Schüler können sich für ein Thema in Gruppen organisieren.

Abbildung 24: Der thematisch-offene Unterrichtseinstieg.

7.2   Der Unterrichtseinstieg mittels Hypothesenbildung

Diese Form des Unterrichtseinstiegs ist durch eine starke Problemorientierung gekennzeichnet. Hierbei werden die Schülerinnen und Schüler mit einer Problemsituation konfrontiert, welche sie im weiteren Unterrichtsverlauf möglichst selbstständig lösen sollen. Hierbei gehen die Schülerinnen und Schüler den deduktiven Weg des Lernens, was bedeutet, dass sie eine Hypothese aufstellen, die es im weiteren Unterrichtsverlauf zu überprüfen gilt, um dann letztlich allgemeingültige Regelhaftigkeiten daraus abzuleiten. Dieser Unterrichtseinstieg fördert die aktive Auseinandersetzung der Lerngruppe mit dem Unterrichtsgegenstand und ermöglicht die Suche nach eigenständigen Lösungsversuchen. Die kognitiven Lösungsversuche basieren in der Regel auf individuellen Erfahrungen der Schülerinnen und Schüler. Da eine solche deduktive Herangehensweise dem wissenschaftlichen Erkenntnisgewinn nahe kommt, wird oftmals auch von dem forschend-entwickelnden Unterrichtseinstieg gesprochen. Diese Form des Unterrichtseinstiegs eignet sich besonders für naturwissenschaftliche Themen und Inhalte, die einen engen Alltagsbezug zu den Lernenden aufweisen. Allerdings ist dieser Unterrichtseinstieg unter Umständen zeitaufwendig und arbeitsintensiv für den Lehrenden, da einige Themen beispielsweise Schülerversuche oder experimentelle Lehrformen bedingen.

Anregungen für einen Unterrichtseinstieg über Hypothesenbildung

- o Die Schülerinnen und Schüler formulieren zunächst einfache Thesen zum neuen Lerninhalt. Die Lehrkraft bündelt diese und formuliert gemeinsam mit den Schülerinnen und Schülern Hypothesen.
- o Die Schülerinnen und Schüler erstellen selbstständig Hypothesen auf Grundlage ihrer Alltagsvorstellung über das Themengebiet. Einzelne Hypothesen werden dann systematisch im weiteren Unterrichtsverlauf überprüft.

Abbildung 25: Der Unterrichtseinstieg über Hypothesen.

7.3 Der provozierende Unterrichtseinstieg

Als unmittelbare Reaktion auf eine provokant gestellte These der Lehrperson sollen die Schülerinnen und Schüler in dem provozierenden Unterrichtseinstieg Stellung beziehen und werden somit zu einer Diskussion über das Thema angehalten. Die Lernenden können durch diesen Unterrichtseinstieg besonders motiviert werden, da sie einen anderen Standpunkt vertreten dürfen als die Lehrperson. Hierdurch werden die Schülerinnen und Schüler zum Nachdenken und zum Argumentieren angeregt, was zur Folge hat, dass sie sich mit der Thematik intensiv auseinandersetzen müssen, um gute Argumente gegen die durch die Lehrperson gestellte These aufbringen zu können. Die Lehrkraft sollte hierbei die Alltagserfahrungen, Deutungsmuster und stereotypen Vorstellungen der Schülerinnen und Schüler einschätzen, denn diese bilden die Grundlage für diese Art Unterrichtseinstieg.

Anregungen für einen provozierenden Unterrichtseinstieg

- Die Lehrperson schreibt eine oder mehrere provokante Thesen an die Tafel, welche die Schülerinnen und Schüler zur sofortigen Reaktion anregen.
- Die Lehrperson projiziert eine künstlich erstellte Titelseite einer Zeitung mittels Overheadprojektor oder digitaler Aufbereitung (z.B. Power-Point).
- Die Klasse hört zu Beginn einen provozierenden Songtext (z.B. Rap-/Hip-Hop-Musik) und versucht, im weiteren Unterrichtsverlauf die Provokationen zu analysieren.

Abbildung 26: Der provozierende Unterrichtseinstieg.

7.4 Der rätselhafte Unterrichtseinstieg

Bei der Nutzung eines rätselhaften Unterrichtseinstiegs wird die Sachinformation des Unterrichtsgegenstands nicht unmittelbar offen gelegt und konkret erläutert, sondern auf gewisse Weise bewusst verzerrt. Als Voraussetzung sollte deshalb ein besonders stabiles Vertrauensverhältnis zwischen der Lehrperson und der Lerngruppe bestehen. Um die Schülerinnen und Schüler nicht zu verunsichern, ist äußerst sensibel vorzugehen. Die Schülerzentrierung ist bei dieser Art des Einstiegs nicht immer gegeben, da nicht alle Lernenden mit Verfremdungen oder Verrätselungen umgehen können. Auf der anderen Seite kann sich der provozierende Bluff oder das mysteriöse Rätsel bei Schülerinnen und Schülern, die damit umgehen können, sehr positiv auf die Lernmotivation auswirken. Auch der Bluff im Unterrichtseinstieg gilt als eine Art Verfremdung des Unterrichtsgegenstands. Hierbei werden die Schülerinnen und Schüler absichtlich in die Irre geführt. Rätsel, Verfremdungen und Verzerrungen der Realität erzielen bei den Lernenden einen Überraschungseffekt und regen sie zum Nachdenken sowie Perspektivenwechsel an. Wichtig bei dieser Art des Unterrichtseinstiegs ist, dass die Intention der Unterrichtsstunde nicht verdrängt wird.

Der rätselhafte Unterrichtseinstieg möchte die Schülerinnen und Schüler dazu einladen, sich mit einer rätselhaften Leitfrage zu beschäftigen und den sich dahinter verbergenden Sachverhalt intensiv zu ergründen. Die erarbeiteten Informationen werden somit kognitiv zusammengesetzt und ergeben am Ende eine logisch-sachliche Struktur. Dieser Unterrichtseinstieg fördert unter anderem kognitiv-kommunikativ geprägte Kompetenzfelder wie die Fähigkeit zur Orientierung in komplexen Themenfeldern, Argumentationsfähigkeit sowie den angemessenen Umgang mit Ambivalenzen. Der rätselhafte Unterrichtseinstieg kann stark mit der so genannten Mystery-Methode in Verbindung gebracht werden. Dabei handelt es sich um einen geographischen Ansatz aus Großbritannien (LEAT 1998, LEAT & NICHOLS 1999), der in der deutschsprachigen Literatur oftmals mit dem Leitbild des Globalen Lernens in Verbindung gebracht wird (SCHULER 2005, VANKAN et al. 2007).

Anregungen für einen verrätselten Unterrichtseinstieg

- o Anhand eines verzerrten Bildes der Realität werden die Schülerinnen und Schüler bewusst in die Irre geleitet. Im weiteren Verlauf der Erarbeitungsphase decken sie das Mysteriöse des Unterrichtseinstiegs auf.
- o Alle Schülerinnen und Schüler erhalten jeweils eine rätselhafte Karteikarte. Diese soll im weiteren Unterrichtsverlauf in Kleingruppen auf Inhalt und Sachlogik überprüft und systematisiert werden.

Abbildung 27: Der verrätselte Unterrichtseinstieg.

7.5   Der stumme Impuls als Unterrichtseinstieg

Bei einem stummen Impuls zeigt die Lehrperson ohne Kommentar oder Erläuterung eine Abbildung, eine Folie oder einen Gegenstand. Die Schülerinnen und Schüler sollen sich daraufhin selbstständig Gedanken zu dem visuell Wahrgenommenen machen und systematisch eine Frage- oder Problemstellung entwickeln. Diese Art des Unterrichtseinstiegs kann auch mit anderen Unterrichtseinstiegen verknüpft werden. Voraussetzung hierfür ist, dass die Schülerinnen und Schüler den stummen Impuls als solchen erkennen und ihn identifizieren können. Sofern dies nicht der Fall ist, führt der Unterrichtseinstieg des stummen Impulses zwangsläufig zu einer langen Schweigepause im Klassenzimmer.

Anregungen für einen stummen Impuls als Unterrichtseinstieg

- o Die Lehrperson legt ein Foto oder eine Abbildung auf den Overheadprojektor, ohne diese zu erläutern oder zu kommentieren. Die Schülerinnen und Schüler werden dazu angeregt, sich über die Darstellung zu äußern.
- o Die Lehrperson schreibt das Thema der Unterrichtsstunde an die Tafel und schweigt über den gesamten Unterrichtseinstieg. Die Schülermeldungen werden an der Seitentafel dokumentiert.

Abbildung 28: Stumme Impulse im Unterrichtseinstieg.

7.6 Die Filmsequenz als Unterrichtseinstieg

Der Unterrichtseinstieg in eine neue Thematik kann auch durch eine Filmsequenz gut erreicht werden. Wichtig bei diesem Unterrichtseinstieg ist es, dass ausschließlich kurze Filmsequenzen oder Filmausschnitte von maximal fünf Minuten Dauer gezeigt werden. Filmsequenzen oder Filmausschnitte finden sich mittlerweile auf einfachem Weg im Internet, sollten aber im Vorfeld des Unterrichts durch die Lehrperson ausgiebig analysiert werden. Mit dieser Art des Unterrichtseinstiegs können schwierige Zusammenhänge und komplexe Erklärungen leicht veranschaulicht werden. Die Filmsequenz bietet einen kurzen und prägnanten Unterrichtseinstieg und ist sofort einsatzfähig, sofern die dafür notwendige Medienkompetenz seitens der Lehrperson vorhanden ist. Die Schülerinnen und Schüler können hierbei über unterschiedliche Sinnesebenen angesprochen werden. Bei Bedarf können nicht verstandene komplexe Sachverhalte der Filmsequenz wiederholt werden. Schülerinnen und Schülern ist aus ihrer Alltags- und Lebenswelt das Medium des Films bestens bekannt, wodurch sich eine Motivationsförderung in den ersten Minuten des Unterrichtseinstiegs ergeben kann. Dennoch besteht eventuell die Gefahr, dass die Lernenden den Filmausschnitt einfach über sich ergehen lassen, das Material also mit einer unzureichenden Arbeitshaltung wahrnehmen. Da direkte Rückfragen an das Medium zudem nicht möglich sind, sollte sich die Lehrperson im Vorfeld intensiv mit möglichen Fragen der Schülerinnen und Schüler auseinandersetzen.

Bei der Vorführung einer Filmsequenz sollte berücksichtigt werden, dass das Material nicht an die individuellen Lernvoraussetzungen der Schülerinnen und Schüler angepasst werden kann. Darüber hinaus hat die Lehrperson kaum Einfluss auf die Reihenfolge oder Art der Informationsvermittlung. Die technischen oder räumlichen Gegebenheiten der Schule erschweren diesen Unterrichtseinstieg gegebenenfalls derart, dass der Einsatz des Mediums viel Zeit benötigt oder die Lerngruppe in Unruhe versetzen kann. Die hohe Medienkompetenz heutiger Schülerinnen und Schüler relativiert jedoch mögliche technisch bedingte Schwierigkeiten im Umgang mit neuen Medienträgern.

Anregungen für den Einsatz von Filmsequenzen im Unterrichtseinstieg

o Es wird ein Filmausschnitt eines Kinofilms gezeigt und dazu sollen die Schülerinnen und Schüler einen thematischen oder inhaltlichen Bezug konstruieren.

o Es wird eine Filmsequenz eines aktuellen Ereignisses mittels Internetplattform (z.B. YouTube) vorgeführt. Die Schülerinnen und Schüler überprüfen die Filmsequenz auf Wahrheitsgehalt und Sachrichtigkeit.

Abbildung 29: Die Filmsequenz im Unterrichtseinstieg.

Neben der Filmsequenz bieten sich Comics, Cartoons oder Karikaturen aufgrund ihrer besonderen Eigenschaften als motivationsfördernde Unterrichtseinstiege sowie zur Förderung der Problemorientierung an. Zum einen sind diese Medien in ihrer Darstellung oftmals der Lebenswelt der Schülerinnen und Schüler angepasst. Zum anderen stellen sie die Themen komprimiert, aber trotzdem provokativ, witzig oder ironisch dar. Karikaturen (caricare = überladen) sind satirische Darstellungen von Menschen oder gesellschaftlichen Zuständen. Um anschaulich und gelegentlich auch schockierend zu wirken, überzeichnen, übertreiben und deformieren sie die Wirklichkeit und spiegeln gesellschaftspolitische Zustände, Ereignisse und Prozesse wider. Karikaturen vermitteln grundsätzlich eine (politische) Botschaft oder Meinung des Zeichners (Karikaturisten), die klar herauszuarbeiten ist. Karikaturen dürfen deshalb nicht isoliert im Lernprozess stehen und fordern die Hinterfragung sowie Analyse weiterer Materialien.

Schrittfolge für den Einsatz von Karikaturen im Unterrichtseinstieg

1. Grenze das Themengebiet der Karikatur ein und benenne das Thema.
2. Beschreibe detailliert die Bild- und Textelemente sowie die dargestellten Personen in der Karikatur.
3. Erläutere, für wen die dargestellten Personen stellvertretend stehen könnten.
4. Erkläre ggf. die Abkürzungen der Karikatur.
5. Beschreibe und erläutere die Hauptaussage der Karikatur.
6. Überprüfe die Aussage anhand weiterer Medien (Statistiken, Prognosen).

(STENGELIN 2009)

Abbildung 30: Schrittfolge zum Einsatz und Karikaturen im Unterricht.

Karikaturen sind für den Lernenden komplex und bedürfen einer methodischen Anleitung, um die Kernaussagen des Karikaturisten gezielt zu erfassen. In der ersten Stufe der Karikaturbetrachtung (Analyse) sollte das Themenfeld eingrenzt und benannt werden. Durch die Beschreibung der Stilelemente (Schrift, Akteure, Symbole, grafische Elemente) kann dann die Problemstellung der Karikatur fixiert werden. In der zweiten Stufe (Interpretation) der Karikaturbetrachtung soll die zuvor erfasste Symbolik entschlüsselt und zentrale Aussagen der Darstellungen erfasst werden. Hierbei kann die Benennung der Beweggründe des Zeichners hilfreich sein. In der dritten Stufe (Anwendung, Beurteilung) werden schließlich die Aussagen der Karikatur gebündelt und zu einer eigenen Urteilsbildung der Schülerinnen und Schüler zusammengefasst. Im weiteren Unterrichtsverlauf sind die gesellschaftspolitischen Zusammenhänge anhand von Zusatzmaterialien zu prüfen (KUHN 2007). An dieser Stelle wird deutlich, dass der Umgang mit Karikaturen methodisch zunächst eingeübt werden sollte, bevor die Karikatur gezielt im Unterrichtseinstieg eingesetzt wird.

Anregungen für den Einsatz von Comics im Unterrichtseinstieg

o   Die Schülerinnen und Schüler konstruieren einen thematischen Bezug zu einem dargestellten Comic oder Cartoon.

o   Zu einem aktuellen Ereignis wird ein Comic, Cartoon oder eine Karikatur aus den Printmedien gezeigt. Die Schülerinnen und Schüler überprüfen diese(n) auf Wahrheitsgehalt und Sachrichtigkeit.

Abbildung 31: Comics, Cartoons und Karikaturen im Unterrichtseinstieg.

7.8   Der experimentelle und demonstrierende Unterrichtseinstieg

Durch Demonstrationen oder Experimente im Unterrichtseinstieg kann die Lehrkraft die Schülerinnen und Schüler an ein neues Thema heranführen und komplexe Sachverhalte auf einfache Weise veranschaulichen (Demonstrationsexperimente). Schülerinnen und Schüler sollen hierbei durch gezielte Beobachtungsaufträge und visuelle Wahrnehmung Zusammenhänge erkennen, die möglicherweise durch Erklärungen oder Erläuterung nicht so leicht zu verstehen sind. Viele Experimente können von Schülerinnen und Schüler auch selbst durchgeführt werden und sind dadurch zusätzlich motivierend (Schülerexperimente). Der Abschluss einer Experimentierphase sollte mit den Schülerinnen und Schüler eingeübt werden, damit das Aufräumen des Arbeitsplatzes und das Wegräumen von Materialien nicht zu viel Zeit in Anspruch nimmt und der Unterrichtseinstieg nicht zu stark in die Erarbeitungsphase greift. Bei der Durchführung von Experimenten ist darauf zu achten, mit den Schülerinnen und Schülern den systematischen Weg der Erkenntnisgewinnung zu gehen. Deshalb ist der experimentelle oder demonstrierende Unterrichtseinstieg oftmals durch eine Vermutungsphase gekennzeichnet, auf die dann das Kurzexperiment folgt. Experimente eignen sich vorzugsweise für den naturwissenschaftlich geprägten Unterricht. Darüber hinaus können aber auch einfache soziologische oder psychologische Experimente mit der Lerngruppe durchgeführt werden, um gesellschafts- und sozialwissenschaftliche Erkenntnisse anschaulicher nachzuvollziehen. Bei dieser Art des Unterrichtseinstiegs ist zwischen zwei Aktionsformen zu unterscheiden: Der demonstrierende Unterrichtseinstieg fördert mittels Hypothesenbildung und Beobachtung seitens der Schülerinnen und Schüler eine erarbeitende Aktionsform, wohingegen der experimentelle Unterrichtseinstieg das entdeckende Lernen stärker in den Vordergrund rückt.

Anregungen für experimentelle und demonstrierende Unterrichtseinstiege

- Die Schülerinnen und Schüler erstellen ein Beobachtungsprotokoll zu einem Demonstrationsexperiment und untersuchen im weiteren Unterrichtsverlauf die Zusammenhänge des Vorgangs.
- Die Schülerinnen und Schüler planen und erstellen ein eigenes Kurzexperiment, welches im Unterrichtseinstieg vorgestellt wird.

Abbildung 32: Der experimentelle und demonstrierende Unterrichtseinstieg.

7.9 Die Phantasiereise als Unterrichtseinstieg

Die Phantasiereise als Unterrichtseinstieg ermöglicht den Schülerinnen und Schülern eine ruhige Orientierung in das neue Thema. Aufgrund der Hektik des Schulalltags und der (massen-)medialen Freizeitgestaltung können viele Schülerinnen und Schüler nicht seelisch-körperlich abschalten und sich entspannt auf den Unterricht einlassen. Laut GREVING & PARADIES (1996) kann die Überflutung von Reizen zu Konzentrationsschwierigkeiten, einer niedrigen Frustrationsschwelle, Aggressionen, Unzufriedenheit, Phantasielosigkeit und zu erhöhtem Medienkonsum führen. Hier können Entspannungs- und Konzentrationsübungen wie die Phantasiereise im Unterrichtseinstieg gegenläufig wirken und somit die Lernbedingungen systematisch verbessern.

Das entspannte Einsteigen in den Unterricht über Phantasiereisen wird von GREVING & PARADIES (1996) als eigene Kategorie unter allen Einstiegsarten herausgestellt. Bei diesem Unterrichtseinstieg soll ein direkter Bezug zwischen Entspannungstechniken und der Erarbeitung von Unterrichtsinhalten entstehen. Eine mögliche Form der Einbettung ist beispielsweise, das neue Thema direkt auf der Phantasiereise anzusprechen oder einen zu behandelnden literarischen Text zu einer Phantasiereise umzuwandeln. Das didaktische Ziel, das mit diesem Unterrichtseinstieg verbunden ist, liegt in der Erkenntnis, dass intellektuelle Aufgaben sich besser im Zustand der Entspannung angehen und lösen lassen. Die Phantasiereise stützt sich auf die Fähigkeit der Schülerinnen und Schüler zur Phantasie, Vorstellungskraft sowie Assoziation. Eigene Gefühle, Stimmungen und Gedanken der Lerngruppe werden dadurch aktiviert, sodass daraus eine hohe Schülerselbsttätigkeit resultieren kann. Zudem ist dieser Unterrichtseinstieg als sprachlich vermittelt anzusehen und der kognitive Bereich wird deutlich beansprucht.

Die Phantasiereise ist eine Unterrichtseinstiegsmethode, die neben der Entspannung auch eine thematische Einführung ermöglicht. Besonders sinnvoll ist diese Methode, wenn die Klasse Empathie entwickeln soll wie beispielsweise beim Thema »Kulturen im Vergleich«. Da die Phantasiereise eine vertrauensvolle Lernatmosphäre voraussetzt, eignet sie sich nur dann, wenn Spannungen innerhalb der Lerngruppe ausgeschlossen werden können. Phantasie, Märchen-, oder Traumreisen sind therapeutisch wirkende, imaginative Verfahren der Entspannungstechnik und werden von der Lehrperson vorgelesen oder erzählt. Durch das Vorlesen wird ein tiefer Ruhe- und Erholungszustand und dadurch schließlich eine körperlich-seelische Entspannung der Lerngruppe erzeugt. Die Schülerinnen und Schüler stellen sich während des Vorlesens der Geschichte innere Bilder zu den Inhalten vor und bauen hierbei möglichst viele angenehme Sinneseindrücke ein (ADAMS 2008). Vor dem Einsatz im Unterrichtseinstieg sollte grundsätzlich bedacht werden, dass besonders stark medial geprägte Schülerinnen und Schüler nicht dazu fähig sind, sich auf eine Phantasiereise einzulassen. Zudem kann die Durchführung einer Phantasiereise ab einem gewissen Alter als unangenehm empfunden werden.

Anregungen zur Durchführung einer Phantasiereise als Unterrichtseinstieg

1. Erzeugung einer angenehmen Atmosphäre (z.B. durch leise Hintergrundmusik oder Hintergrundgeräusche).
2. Ankündigung der Ruhephase als Einführung in die Reise.
3. Vorlesen einer (fiktiven) Geschichte oder Erzählung mit Pausen von ca. 10 bis 30 Sekunden.
4. Rückkehr in die Realität durch tiefes Durchatmen, sich Strecken und Gähnen zur Kreislaufaktivierung.
5. Gespräch über Eindrücke und Wahrnehmungen während der Phantasiereise.

(ADAMS 2008)

Abbildung 33: Die Phantasiereise im Unterrichtseinstieg.

„Handlungsorientierter Unterricht ist ein ganzheitlicher und schüleraktiver Unterricht, in dem die zwischen dem Lehrer und den Schülern vereinbarten Handlungsprodukte die Organisation des Unterrichtsprozesses leiten, so dass Kopf- und Handarbeit der Schüler in ein ausgewogenes Verhältnis zueinander gebracht werden können" (JANK & MEYER 1995, S. 354). Der handlungsorientierte Unterricht ist eine Art demokratisches Unterrichtskonzept, das subjektive Schülerinteressen in den Mittelpunkt des Unterrichts stellt, um die Lerngruppe zu selbstständigem und selbstgesteuertem Handeln anzuregen (GUDJONS 2008). Handlungsorientierte Unterrichtssituationen basieren auf den Annahmen der psychologischen Handlungstheorie. Demnach wird das Handeln oder die Handlung als eine zielgerichtete und zeitlich organisierte Tätigkeit des Menschen verstanden. Handlungen werden dadurch in Gang gesetzt, indem die Lehrperson eine bestimmte Intention aktiviert oder eine konkrete Zielsetzung formuliert. Das Ziel muss vor Beginn der Handlung bereits bei den Schülerinnen und Schülern mental repräsentiert sein, „d.h. das Ziel muss antizipiert, als Antizipation gespeichert und während des Handelns zugänglich gemacht werden" (KROHNE & HOCK 2007, S. 213). Die eigentliche Tätigkeit wird über die Planung, Organisation und den Einsatz von Mitteln, im Unterricht Medien und Materialien, repräsentiert. Während der Handlung kontrolliert der Lernende die aus seiner Tätigkeit erzielten Effekte und beurteilt diese im Hinblick auf seine antizipierte Zielsetzung. „Die Wahrnehmung und Beurteilung des Effekts führt dazu, dass die betreffende Person realisiert, welche konkreten Folgen das eigene Tätigsein hatte. Wenn das eingangs formulierte Ziel erreicht wurde, so ist die Folge intendiert" (KROHNE & HOCK 2007, S. 213).

Den handlungszentrierten Unterrichtseinstiegen ist gemeinsam, dass sie das selbstständige Arbeiten der Schülerinnen und Schüler an vorbereiteten Materialien und Medien in den Vordergrund stellen. Zwar unterliegt diese Kategorie des Unterrichtseinstiegs einem gewissen Grad an Lehrerzentrierung, da die intendierte Zielsetzung sowie die Materialien und Medien durch die Lehrperson ausgewählt werden. Dennoch bietet der vorgegebene Handlungsrahmen eine weitgehend selbstgesteuerte Tätigkeitsebene, indem die Schülerinnen und Schüler selbst über Bearbeitungsmethoden und Vorgehen im Unterrichtseinstieg entscheiden und ihre erzielten Tätigkeitseffekte beurteilen können. Im Sinne der Binnendifferenzierung können durch handlungszentrierte Unterrichtseinstiege zudem verschiedene Lerntypen durch individuell abgestimmtes Material eingehender berücksichtigt werden.

8.1   Der Originalgegenstand als Unterrichtseinstieg

Originale Gegenstände sind Objekte, die eine Begegnung mit dem Original er-möglichen, obwohl sie losgelöst von ihrem natürlichen Kontext sind. Je nach Unter-richtsthema oder -inhalt kann es sinnvoll sein, die Schülerinnen und Schüler im Un-terrichtseinstieg mit dem Originalgegenstand zu konfrontieren. Im Gegensatz zu nachgebildeten Modellen erzeugen originale Gegenstände einen authentischen Reiz, der die Schülerinnen und Schüler zum Nachdenken und Lernen anregt. Originale Ge-genstände sind haptische Medien, die neben der direkt-visuellen Anschauung weite-re Sinne wie das taktile Wahrnehmen (tasten, fühlen) der Lernenden ansprechen; olfaktorische und gustatorische Sinneseindrücke können teilweise angeregt werden. Durch den Einsatz von originalen Gegenständen im Unterrichtseinstieg kann Neugier und Interesse an der Sachstruktur des Themas geweckt werden (RINSCHEDE 2007).

Anregungen für den Einsatz von originalen Gegenständen im Unterrichtseinstieg

o   Originale Gegenstände sollen von Schülerinnen und Schülern durch Tasten, Riechen, Schmecken, Sehen auf ihre Herkunft, Entstehung oder Verwendung hinterfragt und analysiert werden.

o   Es werden unterschiedliche originale Gegenstände verteilt. Die Schülerinnen und Schüler sollen die Gegenstände nach möglichen Fragestellungen systematisieren und an der Tafel eine gemeinsame Themenstruktur finden.

Abbildung 34: Der Unterrichtseinstieg mit originalen Gegenständen.

8.2   Das Lernspiel als Unterrichtseinstieg

Aufgrund der hohen Schüler- und Handlungszentrierung eignen sich auch Lern-spiele als motivationsfördernde Unterrichtseinstiege. Lernspiele basieren auf sozia-len, fachbezogenen oder fachübergreifenden Spielideen und mit ihrem Einsatz kön-nen die Schülerinnen und Schüler spielerisch an die gewünschten Themen herange-führt werden. Aufgrund der spezifischen Einsatzmöglichkeiten eignen sich digitale Lernspiele wie PC-Lernspiele eher für die Sozialform der Partner- oder Einzelarbeit und klassische Lernspiele für größere Gruppen oder die gesamte Klasse. Der Einsatz von digitalen Lernspielen im Unterrichtseinstieg ist in der Praxis kaum realisierbar und zieht zwangsläufig deren weitere informationstechnische Bearbeitung nach sich. Der didaktische Transfer von traditionellen Lernspielen wie Galgenmännchen, Schiffe versenken (Erlernung des Koordinatensystems), Stadt-Land-Fluss (Förderung räumli-cher Orientierung) auf den Unterrichtseinstieg hingegen bedarf wenig Vorbereitung und ermöglicht den Schülerinnen und Schülern die Festigung des Lernstoffs.

Anregungen für Lernspiele als Unterrichtseinstiege

- In Form eines Memorys werden Karten zu einem Thema an die Schülerinnen und Schüler verteilt. Jede Schülerin und jeder Schüler soll nun seinen passenden Mitschüler finden und in einer Partnerarbeit anhand weiterer Materialien Informationen zu seinem Lerninhalt erarbeiten.
- Es werden zwei Seiten in der Klasse gebildet. Die Schülerinnen und Schüler formulieren sich gegenseitig Fragestellungen zum neuen Thema, welche dann im weiteren Unterrichtsverlauf erarbeitet werden sollen.

Abbildung 35: Der Unterrichtseinstieg durch Lernspiele.

8.3 Der szenisch-dargestellte Unterrichtseinstieg

Der szenisch-dargestellte oder inszenierte Unterrichtseinstieg beruht darauf, dass die Schülerinnen und Schüler mit schauspielerischen Mitteln eine in sich geschlossene Handlung darstellen. Dabei werden Zuschauerreaktionen durch die Art der Darstellung voraussehbar und steuerbar. Diese Form des Unterrichtseinstiegs eignet sich besonders für Unterrichtsthemen mit literarischer Grundlage, denn szenische Spiele lassen sich gut für Textanalysen und Textinterpretationen sowie für die Entwicklung von Empathie einsetzen. Laut GREVING & PARADIES (1996) erklärt sich eine Szene in der Literaturwissenschaft als innerlich geschlossenes Stück dramatischen Lebens und als geschlossenen Handlungsabschnitt. Die Psychoanalyse stellt fest, dass ein szenisches Reagieren immer dann einsetzt, wenn eine bestimmte Situation beginnt (ebd.). In einer szenischen Spielsituation spielen eine oder mehrere Schülerinnen und Schüler eine Szene nach. Ziel ist, die Zuschauerreaktionen bzw. die Reaktionen der Mitschüler durch die Art der Darstellung vorhersehbar oder steuerbar zu machen.

GREVING & PARADIES (1996) nennen einige Möglichkeiten des szenisch-dargestellten Unterrichtseinstiegs. Sie zählen in diesem Zusammenhang Stegreifspiele und -pantomime, szenische Interpretationen und Texttheater zu den szenisch-dargestellten Formen. Im Rahmen des Unterrichtseinstiegs kann die szenische Darstellung als Überleitung zur Interpretation und Analyse biografischer und anderer Texte dienen. Im Mittelpunkt dieses Unterrichtseinstiegs handeln die Schülerinnen und Schüler aus dem Stegreif. Demnach ist der szenisch-dargestellte Unterrichtseinstieg offen, kaum planbar und variationsreich. Die Schülerinnen und Schüler sowie die Lehrperson sollten somit spontan und flexibel agieren und keine Scheu davor haben, vor ihren Mitschülern zu schauspielern sowie in der Lage sein, Vorkenntnisse und Vorurteile spontan einzusetzen, unvorhersehbare Situationen auszuhalten und diese produktiv zu nutzen. Nur wenn diese Voraussetzungen gegeben sind, ist es möglich, Stegreifspiele und -pantomime in Form eines Unterrichtseinstiegs durchzuführen. Zum Erlernen dieser Fähigkeiten ist es erforderlich, diese Art von Spielen des Öfteren mit den Schülerinnen und Schülern durchzuführen, damit diese ihre schauspielerische Hemmschwelle überwinden. Zudem ist es möglich, den Unterrichtseinstieg mit Interpretationen der Schülerinnen und Schüler zu gestalten. Diese Art der Unterrichtsgestaltung dringt tief in die Sachstruktur des Unterrichtsgegenstands ein, ist aber durch einen großen Arbeitsaufwand und Vorlauf gekennzeichnet. Ziel einer szenischen Interpretation ist die Entwicklung von Empathie mit Personen in Texten oder in einem thematischen Zusammenhang. Durch die Nähe zu oder im Zusammenhang mit Simulationsspielen wird bei den Schülern ein ganzheitlicher Sinneseindruck erweckt (GREVING & PARADIES 1996).

Anregungen für szenisch-darstellende Unterrichtseinstiege

o   Szenische Lesung: Die Schülerinnen und Schüler lesen einen Text oder Dialog mit verteilten Rollen; die Lesung ist dabei sehr dramaturgisch gespielt.

o   Auf Grundlage von statistischen Ergebnissen und Umfragewerten verteilen sich die Schülerinnen und Schüler entsprechend ihren Einschätzungen und Meinungen in den Ecken des Klassenraumes, stehen auf, bleiben auf ihren Stühlen sitzen oder bilden nebeneinander stehende Reihen.

o   Die Schülerinnen und Schüler übernehmen die Rolle einer historisch bedeutenden oder prominenten Persönlichkeit ein und versuchen deren Empfindungen, Erfahrungen und Konflikte darzustellen.

Abbildung 36: Der szenisch-darstellende Unterrichtseinstieg.

8.4   Die Kurzdiskussion als Unterrichtseinstieg

Die Kurzdiskussion ist eine Art der kurzfristigen Aussprache sowie des gegenseitigen Meinungsaustauschs. Sofern die Kurzdiskussion auf einen Unterrichtseinstieg übergeleitet wird, ist darauf zu achten, dass dafür eine Schülerin bzw. ein Schüler ausgewählt wird, welche(r) die Diskussion leitet und für die Einhaltung der Redestrategien und Regeln sorgt. Aufgabe der Diskussionsleitung ist zudem die Festlegung einer Sitzordnung, in der die Schülerinnen und Schüler jederzeit untereinander Blickkontakt aufnehmen können. Die Lehrperson sorgt im Vorfeld dafür, dass die Schülerinnen und Schüler über ein ausreichendes thematisches Vorwissen verfügen, damit wahrheitsgemäße anregende Argumente widergegeben werden können und die Relevanz sowie die Kontroversität des Themas deutlich herausgearbeitet werden kann. Im Allgemeinen ist es hierbei die Aufgabe der Lehrperson, die Schülerinnen und

Schüler auf die Diskussion gezielt vorzubereiten, also über Regeln und das Thema zu informieren. Demnach sollten die Themen schon im Vorfeld des Unterrichts angesprochen oder behandelt worden sein, denn dieser Unterrichtseinstieg kann in erster Linie in Anlehnung an eine Wiederaufnahme oder Weiterführung der Thematik durchgeführt werden.

Mit Hilfe dieses Unterrichtseinstiegs soll es den Schülerinnen und Schüler gelingen, ihre Gedanken zu einem geplanten Thema zu sortieren und strukturieren. Dabei sollen sie möglichst den für sie zentralen Aspekt, die zentrale Fragestellung oder Problematik des Themas herausarbeiten und präzise formulieren. Die Funktion dieses Unterrichtseinstiegs ist, eine Übersicht über den Stand der Urteilsbildung der Lerngruppe sowie Hilfestellungen, Hinweise und Kriterien für die weitere Unterrichtsplanung zu erhalten (GREVING & PARADIES 1996). Die Schülerinnen und Schüler lernen zudem, zwischen Vor- und Nachteilen bestimmter Positionen begründet abzuwägen und ihre Interessen verbal geregelt zu kommunizieren. Die Ausbildung von Empathie, Toleranz und kommunikativer Kompetenz sind zugleich Lernziel und Voraussetzung dieses Unterrichtseinstiegs.

Anregungen für die Kurzdiskussion als Unterrichtseinstieg

- o   Die Sitzergonomie wird zu einer Art Diskussionsrunde umgebaut. Eine Schülerin bzw. ein Schüler moderiert eine Diskussion zum vorgegebenen Lerninhalt.
- o   Einzelne Schülerinnen und Schüler stellen eine Art Talkshow nach und vertreten kontroverse Meinungen und Haltungen der übernommenen Rolle.

Abbildung 37: Der Unterrichtseinstieg über eine Kurzdiskussion.

8.5   Der sinnliche Unterrichtseinstieg

Der sinnliche Unterrichtseinstieg zeichnet sich dadurch aus, dass der Unterrichtsgegenstand durch die unterschiedlichen Sinne erfahrbar gemacht wird. Im Unterschied zum Einsatz originaler Gegenstände im Unterrichtseinstieg sollen mit diesem Unterrichtseinstieg gleichzeitig mehrere Sinne und Wahrnehmungskanäle angesprochen werden, womit der Grad an Handlungszentrierung vergleichsweise stärker ausgeprägt ist. Für den sinnlichen Unterrichtseinstieg sollen unterschiedliche Medien, Methoden und Materialien parallel zum Einsatz kommen. Visuelle und auditive Medien wie Film, Musik, Hörspiel, Geräusche, Fotos, Karikaturen, Comics, Gemälde, Skizzen können mit assoziativem Zeichnen oder Schreiben, dem Wahrnehmen von Gerüchen und dem Ertasten von Gegenständen kombiniert werden.

Anregung für den sinnlichen Unterrichtseinstieg

- In der Klasse werden unterschiedliche Sinnes-Stationen zu einem Thema aufgebaut, an denen die Schülerinnen und Schüler auf unterschiedlichen Wahrnehmungskanälen angesprochen werden. Im Anschluss dienen die geschilderten Wahrnehmungen der Schülerinnen und Schüler als weitere Erarbeitungsgrundlage.

Abbildung 38: Der sinnliche Unterrichtseinstieg.

8.6 Der von Schülern organisierte Unterrichtseinstieg

Um die Schülerinnen und Schüler an der Unterrichtsplanung teilhaben zu lassen, kann der Unterrichtseinstieg mit diesen gemeinsam gestaltet werden. Ein Vorteil dieses Unterrichtseinstiegs ist, dass die Interessen und Ideen der Lerngruppe in die Planung einfließen können und somit ein hoher Grad an Schülerorientierung erreicht wird. Da eigenverantwortliches Handeln gerade im Unterrichtskontext bei Schülerinnen und Schülern sehr motivierend wirkt, kann der Unterrichtseinstieg auch komplett selbstständig von diesen organisiert und durchgeführt werden, um neben der Selbstständigkeit auch das Selbstwertgefühl zu stärken. Wichtig ist hierbei, dass der Unterrichtseinstieg detailliert geplant wird und Disziplinprobleme in der Klasse ausgeschlossen werden können. Damit diese Form des Unterrichtseinstiegs Erfolg verspricht, sollte die Lehrperson der Lerngruppe ausreichend Medien und Materialen zur Verfügung stellen. In der Regel sind Schülerinnen und Schüler sehr kreativ in der Planung ihres eigenen Unterrichts. Aufgrund der Offenheit dieses Unterrichtseinstiegs ist nicht zweckmäßig, Beispiele anzuführen. Diese können sich je nach Art des Unterrichtseinstiegs an den vergangenen Beispielen orientieren.

8.7 Die Originalbegegnung als Unterrichtseinstieg

Diese Form des Unterrichtseinstiegs zielt darauf ab, den Schülerinnen und Schülern außerhalb des Klassenraums eine sinnlich-anschauliche Begegnung mit einem Thema zu ermöglichen. Es handelt sich hierbei um einen Unterrichtseinstieg mit einem hohen Grad an Schülerselbsttätigkeit und Handlungszentrierung. Bei einfachen Erkundungsgängen im Nahraum der Schule erhalten die Schülerinnen und Schüler beispielswiese einen Arbeitsauftrag und machen sich dann auf den Weg des selbstständigen Entdeckens (SAUERBORN & BRÜHNE 2010). Es können auch viele verschiedene Kurzaufgaben mit unterschiedlichem Anforderungsniveau im Gelände gestellt werden, die von der Lerngruppe arbeitsteilig bearbeitet werden müssen. Der Lerngruppe wird bei der Originalbegegnung eine feste Bearbeitungszeit vorgegeben. Während eines Erkundungsgangs können Schülerinnen und Schüler selbsttätig die Erfahrung machen, dass Lernen nicht nur mit Büchern und im Unterrichtsraum stattfinden muss, sondern dass sich auch neue Kenntnisse außerhalb des Klassenzimmers gewinnen lassen. Nicht jedes Thema kann aber mit einem Erkundungsgang oder dem Spurenlesen auf dem Schulhof begonnen werden, da die kultusministeriell vorgegebenen Unterrichtsinhalte nicht immer in der Realität abbildbar sind. Der Einsatz einer originalen Begegnung als Unterrichtseinstieg ist nur dann sinnvoll, wenn im Bereich der Schule oder in der unmittelbaren Schulumgebung ausreichend Informationen in altersangemessener Form zur Verfügung stehen. Durch die Abwechslung zum Schulalltag und die anschauliche greifbare Originalbegegnung erleben die Schülerinnen und Schüler den Unterrichtseinstieg in die neue Thematik als spannend und realitätsnah. Dadurch verankert sich das Gesehene und sinnlich Wahrgenommene stärker im Gedächtnis und ist für spätere Unterrichtsstunden leichter abrufbar. Der Nachteil dieses Unterrichtseinstiegs ist, dass für die originale Begegnung oder die Spurensuche viel Unterrichtszeit aufgebracht werden muss (BUDKE & KANWISCHER 2007).

Anregungen für die originale Begegnung als Unterrichtseinstieg

- o Anhand von Kartenmaterial wird die nähere Schulumgebung systematisch erkundet.
- o Die Schülerinnen und Schüler suchen nach Spuren der Beeinflussung von Natur und Umwelt auf dem Pausenhof und dokumentieren diese in Form von Fotos, Skizzen, Schilderungen oder Videoaufnahmen (Handy).

Abbildung 39: Originale Begegnungen im Unterrichtseinstieg.

Die Beobachtung von Unterrichtseinstiegen stellt für das Praktikum an Schulen, die zweiphasige Lehrerausbildung, das Berufsleben sowie die Lehrerfortbildung einen wichtigen Bestandteil dar. Unterrichtsbeobachtungen dienen im Praktikum und im Referendariat vor allem der Sammlung erster Erfahrungen und dem Kennenlernen von neuen Inszenierungstechniken und Unterrichtsabläufen. Auch als fertig ausgebildeter Lehrer sollte die Beobachtung und Beurteilung von Unterrichtseinstiegen aber nicht ad acta gelegt werden. Hier dient sie vorzugsweise der kritischen Selbstreflexion des Unterrichts oder zur Bewertung des Unterrichts von Kolleginnen und Kollegen. Die Beobachtung und Bewertung von Unterrichtsprozessen ist nicht nur ein zentraler Bestandteil der empirischen Unterrichtsforschung, sondern gilt auch in der Praxis als ein Schlüsselelement für guten Unterricht (HELMKE 2008; 2010).

Die Beobachtung einzelner Unterrichtselemente gestaltet sich oftmals als Herausforderung für den Beobachter, da das zu analysierende Unterrichtsgeschehen in seinem Wirkungsgefüge komplex und unter vielen didaktischen und methodischen Aspekten zu betrachten ist. Deshalb sollte sich der Beobachter gründlich auf seine bevorstehende Unterrichtsbeobachtung vorbereiten. Im Vorfeld ist es ratsam, sich zunächst eine gezielte Fragestellung zu überlegen, auf deren Grundlage das Unterrichtsgeschehen analysiert werden soll. Die gewählte Beobachtungsstrategie sollte zudem mit der Fragestellung einhergehen. Grundsätzlich existieren drei Formen von Beobachtungsstrategien: Die Alltagsbeobachtung ist vergleichbar mit dem traditionellen Hospitieren. Hierbei wird in der Regel keine ausführliche Dokumentation des Geschehens angefertigt, da diese Form der Beobachtung eher spontan und zufällig gehandhabt wird. Anstelle einer wissenschaftlich orientierten Bearbeitung der beobachteten Aspekte steht hier das allgemeine und persönliche Beobachtungsinteresse im Vordergrund. Die begutachtende Beobachtung zielt hingegen auf eine bestimmte Zielsetzung oder auf einen definierten Aspekt des Unterrichtsgeschehens ab. Die begutachtende Beobachtung erscheint insgesamt die geeignetste Form der Beobachtung von Unterrichtseinstiegen. Mit den Ergebnissen dieser Beobachtungsform können auch umfangreiche Unterrichtsanalysen und -diagnosen erstellt werden, die weit über den Unterrichtseinstieg hinausgehen. Darüber hinaus gibt es mit der wissenschaftlichen Beobachtung eine stark strukturierte Form der Beobachtung, die meist nach standardisierten Methoden verläuft und auf formulierten Forschungshypothesen basiert. Für die Bewertung von Unterrichtseinstiegen soll im Folgenden näher auf die begutachtende Beobachtung eingegangen werden.

Tabelle 11: Formen der Unterrichtsbeobachtung.

ALLTAGSBEOBACHTUNG	BEGUTACHTENDE BEOBACHTUNG	WISSENSCHAFTLICHE BEOBACHTUNG
einfache Hospitationen; Sammlung erster Erfahrungen von Merkmalen des Unterrichtens; Kennenlernen neuer Methoden und Unterrichtsabläufe; systematische Einfindung in das System Schule	Dokumentation und Begutachtung ausgewählter Aspekte des Lehrens und Lernens (z.B. Unterrichtseinstiege, Lehrerpersönlichkeit, Schülerverhalten)	standardisierte, stark strukturierte Beobachtung nach Kriterien der empirischen Sozialforschung; Beobachtung liegt wissenschaftliche Fragestellung, Hypothesenbildung zu Grunde; Ergebnisse führen zur Theorie- und Modellbildung

„Unter Beobachtung verstehen wir das systematische Erfassen, Festhalten und Deuten sinnlich wahrnehmbaren Verhaltens zum Zeitpunkt des Geschehens" (ATTESLANDER 2008, S. 67). Sämtliche Formen der hier genannten Unterrichtsbeobachtung von Unterrichtseinstiegen basieren auf den allgemeingültigen Merkmalen der empirischen Sozialforschung. Die empirische Sozialforschung unterscheidet diese Datenerhebungsform in eine teilnehmende und in eine nicht-teilnehmende Form der Beobachtung. Die teilnehmende Beobachtung impliziert dem Beobachter ein aktives Einbringen in das Unterrichtsgeschehen. „Aktiv teilnehmende Beobachtung nehmen im Wortsinn an der natürlichen Lebenswelt der Untersuchungspersonen teil, pflegen zu ihnen z.T. intensiven Kontakt. Das heißt, aktive Teilnahme führt immer dazu, dass der forschende Beobachter eine Teilnehmerrolle im Feld übernimmt" (ATTESLANDER 2008, S. 86). Die nicht-teilnehmende Beobachtung wird häufig in der zweiten Phase der Lehramtsausbildung praktiziert und bildet damit einen zentralen Bestandteil in der Lehrerausbildung. In diesem Fall sitzt der Beobachter im Unterricht und bleibt in einer Art passiven Rolle, was bedeutet, „dass sich der Beobachter ganz auf seine Rolle als forschender Beobachter beschränken kann und wenig bis nicht an den zu untersuchenden Interaktionen bzw. sozialen Konstellationen teilnimmt" (ATTESLANDER 2008, S. 85). Die Begrifflichkeit nicht-teilnehmende Beobachtung scheint allerdings etwas irreführend zu sein, da in der Schule der Beobachter zwangsläufig am Unterrichtsgeschehen teilnehmen muss, um seine Unterrichtsbeobachtung tatsächlich durchführen zu können. Aus diesem Grund sollte besser nach dem Grad der Teilnahme unterschieden werden, was im schulischen Kontext bedeuten würde, dass der Beobachter entweder selbst unterrichtet und dabei gleichzeitig seinen eigenen Unterricht beobachtet oder einen Unterrichtenden während des Unterrichtsgeschehens beobachtet. Darüber hinaus kann die Beobachtung in offener oder verdeckter Form stattfinden. Bei einer offenen Beobachtung ist die lehrende Person darüber informiert, dass sie beobachtet wird, während bei der verdeckten Form die Person nicht darüber informiert ist, dass sie systematisch beobachtet wird. Das dritte Unterscheidungsmerkmal einer Beobachtung ist die strukturierte oder unstrukturierte Art der Beobachtung. Eine strukturierte Beobachtung impliziert einen Beobachtungsbogen, in dem die Beobachtungskriterien vorher festgelegt wurden. Eine unstrukturierte Beobachtung findet ohne konkrete Beobachtungskriterien statt und die Bewertung unterliegt ebenfalls keinen festgelegten Kriterien (vgl. FLICK 2007, ATTESLANDER 2008).

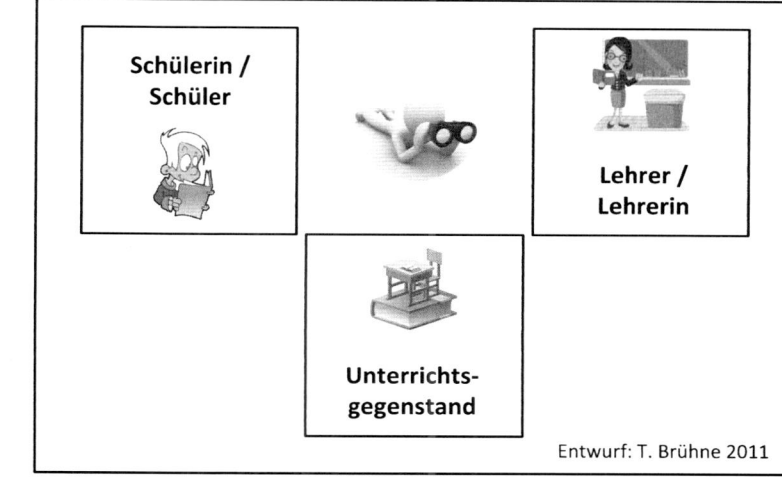

Entwurf: T. Brühne 2011

Abbildung 40: Zentrale Aspekte der Unterrichtsbeobachtung.

Die jeweilige Unterrichtssituation wird bestimmt durch die Eckpunkte Lehrerin/Lehrer, Schülerin/Schüler und Unterrichtsgegenstand (vgl. Abbildung 40). Alle drei Elemente können als zentrale Beobachtungsaspekte von Unterrichtsprozessen in Frage kommen, von dem aus dann wechselnde Teilbereiche genauer analysiert werden. Speziell während der Beobachtung eines Unterrichtseinstiegs hat der Beobachter die Aufgabe, die Artikulationsstruktur und den Verlauf des Unterrichtseinstiegs zu hinterfragen. Dabei liegt das Augenmerk der Bewertung darauf, inwiefern die Kriterien für einen guten Unterrichtseinstieg berücksichtigt und eingebracht worden sind. Eine gute Unterrichtsbeobachtung ist darüber hinaus durch bestimmte Qualitätsmerkmale gekennzeichnet. Während der gesamten Beobachtungsphase ist eine hohe Akzeptanz der Beobachtungssituation aller Beteiligten eine wichtige Voraussetzung für eine produktive Zusammenarbeit. In der Vorbereitung sollte das Ziel und der Nutzen der Beobachtungssituation festgehalten werden. In dem nachbereitenden Gespräch über die Beobachtungen können dann konstruktive Lösungsansätze anhand einer möglichst objektiven Auswertung angebracht und gemeinsam über Konsequenzen oder Verbesserungsvorschlägen beraten werden. Der Beobachter hat während der Beobachtung die Aufgabe, sich an die Lerngruppe und die Unterrichtssituation anzupassen und einzufügen. Der Unterrichtsprozess darf in seinem Verlauf durch die Unterrichtsbeobachtung keinesfalls beeinträchtigt oder gestört werden.

Es gibt zahlreiche Möglichkeiten, das Verhalten von Menschen zu evaluieren und zu beobachten. Daher ist es von großer Bedeutung, die Unterrichtsbeobachtungen gut vorzubereiten und die zu beobachtende Situation präzise zu erfassen. Zudem ist es wichtig, in der Situation der Beobachterrolle flexibel zu sein und gegebenenfalls Planungsänderungen während der Beobachtung vorzunehmen. HOMBERGER (2005) und SAUERBORN (2007) nennen einige Beispiele für Beobachtungskriterien und heben in diesem Kontext drei Kategorien hervor (vgl. Abbildung 41).

---

1. Thema und Lernziele

- o Wodurch wird es den Schülerinnen und Schülern (und dem Beobachter) deutlich, um welches Thema es in der Stunde geht und welche Lernziele intendiert sind?
- o Wodurch wird erkennbar, ob das Thema bei den Schülerinnen und Schülern auf Interesse stößt?
- o Welche erwarteten (beziehungsweise unerwarteten) Probleme ergeben sich bei der Behandlung des Themas? Wodurch fallen sie dem Beobachter auf?
- o Welche Medien werden eingesetzt? Wird ihre Funktion im Lernprozess erkennbar?
- o Werden Lernergebnisse bewusst gemacht und gesichert?

2. Verlauf des Unterrichtseinstiegs

- o Lassen sich deutlich abgrenzbare Abschnitte des Unterrichtseinstiegs unterscheiden? Wie werden sie miteinander verbunden?
- o Wird den Schülerinnen und Schülern der Lernweg transparent gemacht?
- o Welche Funktion kommt dem Tafelanschrieb im Unterrichtseinstieg zu?
- o Wie wird die Hausaufgabe der vergangenen Unterrichtsstunde eingebunden?

3. Interaktion, Lehr-Lern-Prozess

- o Welche Formen der Aktivität bei Schülerinnen und Schülern und der Lehrperson lassen sich unterscheiden?
- o Lassen sich bestimmte Unterrichtsgesprächsformen unterscheiden?
- o Wie hoch sind die Sprechanteile in den einzelnen Gesprächsphasen?
- o Gibt es Gespräche unter den Schülerinnen und Schülern?
- o Treten Unterrichtsstörungen oder -konflikte auf? Lässt sich gegebenenfalls eine Ursache ermitteln? Wie geht die Lehrerin bzw. der Lehrer damit um?

Abbildung 41: Zentrale Kriterien der Unterrichtsbeobachtung.

Um eine Unterrichtsbeobachtung vorzubereiten, bedarf es zunächst einer Analyse der Klassensituation und der expliziten Benennung einer Zielsetzung. Während der Vorbereitung stellt sich die Frage, in welchem Verhältnis der Beobachter zu der beobachteten Person steht und ob das Ziel der Beobachtung eine Überprüfung oder eine

Verbesserung der Unterrichtsqualität sein soll. Falls eine offene Beobachtung statt-findet, sollte im Vorfeld ein Gespräch zwischen der zu beobachteten Person und dem Beobachter stattfinden. Dieses Gespräch dient der Festlegung der Rahmenbedingun-gen. Infolgedessen werden die Absichten der Beobachtung festgelegt und die Zielset-zungen der Unterrichtsstunde erörtert. Bei Unterrichtsbeobachtungen erscheint es sinnvoll, möglichst nur eine der drei Beobachtungsperspektiven (s.u.) auszuwählen, um eine qualitative Beobachtung erstellen zu können. BÖHMANN & SCHÄFER-MUNRO (2008) betonen, dass vor der Unterrichtshospitation der Beobachter möglichst kon-krete Verhaltensnormen festlegen sollte, die bei der Beobachtung Priorität haben und analysiert werden sollen.

9.1.1 Beobachtungsperspektive Lehrperson

Der Beobachter kann verschiedene Kriterien zur Beobachtung der Beurteilung des Lehrerverhaltens während des Unterrichtseinstiegs heranziehen (vgl. Abbildung 42, 43). Die Auswahl der Beobachtungskriterien bezieht sich schwerpunktmäßig auf Lehreraktivitäten, also um die Vermittlung von Wissen und den Umgang mit den Schülerinnen und Schülern (BÖHMANN & SCHÄFER-MUNRO 2008). Im Folgenden werden allgemeine Kriterien für die Beobachtung des Lehrerverhaltens aufgelistet.

Präsentieren von Inhalten

- o Zu welchem Zeitpunkt des Unterrichtseinstiegs wird der Inhalt von der Lehrerin / dem Lehrer dargeboten?
- o Welche Hilfsmittel benutzt die Lehrperson dafür?
- o Werden Sachverhalte alters- und schülergerecht erklärt?

Lehrersprache

- o Wie sind die Gesprächsanteile zwischen Lehrerin / Lehrer und den Schülerinnen und Schülern verteilt?
- o Wie schnell bzw. langsam spricht die Lehrerin / der Lehrer?
- o Wie deutlich artikuliert sich die Lehrerin / der Lehrer?
- o Sind dialektale Einflüsse zu beobachten? Wenn ja, in welchen Situationen?
- o Auf welchen Sprachebenen spielt sich die Artikulation der Lehrerin / des Lehrers ab?
- o In welcher Form führt die Lehrerin / der Lehrer das Unterrichtsgespräch?

Abbildung 42: Kriterien der Beobachtung des Lehrerverhaltens.

Körpersprache: Mimik, Gestik, Proxemik

- Welche Impulse werden nonverbal gegeben?
- Wie ermahnt oder lobt die Lehrerin / der Lehrer mimisch oder gestisch?
- Berücksichtigt die Lehrerin / der Lehrer die Distanzzonen bei ihrem / seinen proxemischen Verhalten?
- Wie bewegt sich die Lehrerin / der Lehrer im Raum?
- Wie intensiv gestaltet die Lehrerin / der Lehrer den Blickkontakt zu den Schülerinnen und Schülern?

Steuerung durch Fragen, Impulse, Vermittlungshilfen

- Welche Art von Fragen stellt die Lehrerein / der Lehrer?
- Welches kognitive Niveau wird bei den Fragen angesprochen?
- Welche Arbeitsanweisungen stellt die Lehrerin / der Lehrer?
- Welche Impulse gibt die Lehrerin / der Lehrer?

Sozialformen, methodisches Vorgehen und Medieneinsatz

- In welchen Sozialformen findet der Unterricht statt?
- Wie wird der Übergang von einer Sozialform zur nächsten gestaltet?
- Welche Unterrichtsmethoden werden während des Unterrichtseinstiegs ausgewählt?
- Welche Sozialformen und Methoden werden häufig gewählt?
- Welche Medien werden für den Unterrichtseinstieg eingesetzt?
- Wie routiniert ist die Lehrerin / der Lehrer im Umgang mit Medien?

Verhalten in Konfliktsituationen

- Welche potenziellen Konfliktsituationen nimmt die Lehrerin / der Lehrer wahr?
- Wie reagiert die Lehrperson darauf?

Gerechtigkeit und Gleichbehandlung

- Behandelt die Lehrerin / der Lehrer die Schülerinnen und Schüler gleich oder ungleich?
- Werden Schülerinnen und Schüler bevorzugt oder benachteiligt?
- Behandelt die Lehrerin / der Lehrer Mädchen und Jungen in der Klasse gleich?
- Ruft die Lehrerin / der Lehrer die Schülerinnen und Schüler gerecht auf?

Lehrerpersönlichkeit

- Wo und wie zeigt sich im Unterricht Freundlichkeit und Hilfsbereitschaft der Lehrerin / des Lehrers?
- Wo und wie ist die Lehrerin / der Lehrer authentisch, wo nicht so sehr?
- Wo und wie wirkt die Lehrerin / der Lehrer überzeugend, wo nicht so sehr?

Abbildung 43: Kriterien der Beobachtung des Lehrerverhaltens.

9.1.2 Beobachtungsperspektive Schülerinnen und Schüler

Im Fokus der im Folgenden genannten Kriterien zur Beobachtung von Unterrichtseinstiegen stehen die Schülerinnen und Schüler. Ziel dieser Beobachtungsperspektive ist es, Informationen über das Schülerverhalten untereinander, in Bezug auf die Lehrperson und in Bezug auf den Inhalt in Erfahrung zu bringen.

Mitarbeit bzw. Beteiligung im Unterricht

- o Wie beteiligt sich die Klasse insgesamt am Unterricht?
- o Welche Schülerinnen und Schüler beteiligen sich häufig verbal am Unterricht?

Kontaktverhalten zur Lehrperson

- o Wie und wann nehmen Schülerinnen und Schüler Kontakt zur Lehrerin / zum Lehrer auf?
- o Wie reagiert die Lehrerin / der Lehrer darauf?

Störendes Verhalten

- o Welche Formen von Unterrichtsstörungen tauchen im Unterrichtseinstieg auf?
- o Welche sind vermutlich beabsichtigt, welche nicht?
- o Wie geht die Lehrerin / der Lehrer mit Unterrichtsstörungen um?

Konzentration und Arbeitsverhalten

- o Worin zeigt sich konzentriertes Arbeitsverhalten?
- o Worin zeigt sich fehlende Konzentration?
- o Fällt es den Schülerinnen und Schülern leicht, sich zu konzentrieren?
- o Zeigen sich im Arbeitsverhalten und in der Konzentration Unterschiede je nach Sozialform oder Methode?

Lernprozesse

- o Wann und wodurch sind Lernfortschritte zu beobachten?
- o Welche beabsichtigten und unbeabsichtigten Lernprozesse sind beobachtbar?
- o Wann und wodurch sind Lernschwierigkeiten erkennbar?

Soziales Lernen / Kooperation in der Klasse

- o Welche Verhaltensformen finden sich im Kooperationsverhalten der Schülerinnen und Schüler untereinander?
- o Sind diese Formen abhängig von der Sozialform bzw. der Methode?
- o Welche Unterschiede im Sozialverhalten zwischen einzelnen Schülerinnen und Schülern sind erkennbar?
- o Gibt es spezifische Rollen in der Klasse: Anführer, Mitläufer, Außenseiter etc.?

Abbildung 44: Kriterien der Beobachtung von Schülerinnen und Schüler.

9.1.3 Beobachtungsperspektive Inhalt

Die inhaltliche Beobachtungsperspektive fokussiert die Aspekte der Beobachtung des zu vermittelnden Inhalts bzw. des zu vermittelnden Unterrichtsgegenstands. Diese Beobachtungsperspektive lässt sich in eine fachwissenschaftliche und in eine fachdidaktische Beobachtungsdimension differenzieren (vgl. Abbildung 45). Darüber hinaus kann die Beobachtungsdimension auch auf die Vermittlungsebene bezogen werden, sprich auf den Aspekt, inwiefern die Schülerinnen und Schüler in der Lage sind, den Inhalt kognitiv aufzunehmen und zu verarbeiten.

Fachwissenschaftliche Dimension

- o Entspricht der dargebotene Inhalt dem aktuellen fachwissenschaftlichen Stand?
- o Wie ist der Inhalt sachlich aufgebaut? Welche Bausteine der Sachstruktur sind zu erkennen?

Fachdidaktische Dimension

- o Entspricht der Verlauf des Unterrichtseinstiegs und die gewählten Methoden, Sozial- und Aktionsformen dem aktuellen fachdidaktischen Stand?
- o Welche fachdidaktische Konzeption wird von der Lehrerin / dem Lehrer verfolgt?
- o Welche Zielsetzung kann bereits durch den Unterrichtseinstieg realisiert werden?
- o Wie wird das Erreichen der Ziele durch die Lehrerin / den Lehrer diagnostiziert?

Vermittlungsdimension (Inhalt und Lerngruppe)

- o Wie knüpfen die Inhalte der Unterrichtsstunde an den Vorerfahrungen der Schülerinnen und Schüler an?
- o Woraus kann auf die intrinsische und extrinsische Motivation der Schülerinnen und Schüler geschlossen werden?

Abbildung 45: Kriterien der Beobachtung der Inhaltsvermittlung.

9.2 Durchführung von Unterrichtsbeobachtungen

Unterrichtsbeobachtungen können aus zwei unterschiedlichen Perspektiven durchgeführt werden. Zum einen kann eine interne Unterrichtsbeobachtung stattfinden. Dies bedeutet, dass die Lehrkraft oder die Schülerinnen und Schüler den Unterricht beobachten und bewerten. Zum anderen kann der Unterricht extern evaluiert werden. Dann würde die Unterrichtsbeobachtung durch eine dritte Person durchgeführt. Wenn die zu beobachtende Person und die Beobachterperson das Ziel der Beobachtung festgelegt haben, stellt sich die Frage, inwiefern der Beobachter seine

Beobachtungsergebnisse dokumentiert. Die Art der Dokumentation (Strichlisten, Wortprotokoll, narratives Protokoll, chronologisches Protokoll) wird anhand der Zielsetzungen und Rahmenbedingungen der Beobachtungssituation gewählt, da jede Form sowohl positive als auch negative Aspekte aufweist. Da bei Unterrichtsbeobachtungen auch einige Fehler (vgl. Abbildung 46) gemacht werden können, sollte der Beobachter darauf achten, sich der folgenden Fehlerquellen bewusst zu sein und diesen vorzubeugen (GREVE & WENTURA 1997, HELMKE 2008).

Erst-Eindruck

Der erste Eindruck einer Situation kann oft täuschen und zu falschen Annahmen verleiten (»Primacy-Effekt«).

Voreinstellungen und Vorurteile

Der Beobachter kann an eine eigene Situation erinnert werden, was die Beobachtung ggf. beeinträchtigt. Es ist demnach sinnvoll, die Situationen und Geschehnisse möglichst neutral zu bewerten (»Rosenthal-Effekt«).

Global-Eindruck

Falls der Beobachter eine Verhaltensweise oder ein Merkmal der zu beobachtenden Person als besonders signifikant wahrnimmt, kann dadurch die Beobachtung beeinflusst werden. Dies kann beispielsweise ein Räuspern oder Haare zurückwerfen sein (»Halo-Effekt«).

Fehlattribution

Der Beobachter kann dazu neigen, auffällige Persönlichkeitsmerkmale der beobachteten Person mit sich selbst zu vergleichen und dadurch auf den Charakter der beobachteten Person zu schließen (»Inferenz-Effekt«).

Logische Fehler

Wenn der Beobachter auf logische Fehler eingeht, verbindet er ein Merkmal bei der zu beobachtenden Person mit Theorien des Alltags und erzeugt somit fiktive weitere Eigenschaften (»Logical-Error-Effekt«).

Abbildung 46: Fehlerquellen bei der Beobachtung von Unterrichtseinstiegen.

9.2.1 Kriterien-gestützter Beobachtungsbogen

Zur Erstellung einer Beobachtungsdokumentation werden nach einer Beobachtung die Eindrücke stichpunktartig in das nach bestimmten Kriterien aufgebaute Beobachtungsprotokoll eingetragen. Der Beobachter notiert seine Eindrücke des Unterrichtseinstiegs erst nach dem Unterrichtseinstieg, um während der Hospitation seine

Aufmerksamkeit der Beobachtung widmen zu können und nicht durch die Schriftführung von der Beobachtung abgelenkt zu werden. Außerdem ist es so dem Beobachter möglich, nach einem Gesamteindruck die Anmerkungen zu notieren und somit die genannten Fehler einer Beobachtung zu minimieren. Der vorgestellte Beobachtungsbogen (vgl. Abbildung 47) setzt sich zusammen aus den didaktischen Funktionen eines Unterrichtseinstiegs, den Kriterien zur Planung guten Unterrichts sowie den daraus abgeleiteten Kriterien eines guten Unterrichtseinstiegs und besteht aus 16 messbaren Indikatoren. Auf der rechten Seite des Beobachtungsbogens befindet sich eine Rating-Skala mit vier verschiedenen Abstufungen (BARANI 2011). Die hier dargelegten Beobachtungskriterien helfen dem Beobachter, die gewonnenen Eindrücke zu sortieren und bewerten. Zudem tragen solche beispielhaft formulierten Kriterien der Beobachtung zur Wahrung der Objektivität bei. Das Kriterien-gestützte Beobachtungsprotokoll ermöglicht eine geordnete Analyse und Reflexion des Unterrichtseinstiegs und kann jederzeit um weitere messbare Kriterien ergänzt werden.

		trifft nicht zu	trifft eher nicht zu	trifft eher zu	trifft zu	nicht beurteilbar
Schulfach: _____ Schulform: _____ Datum: _____ Jahrgangsstufe: _____						
1.	Thema/Fragestellung/Aufgabe/Zielsetzung ist für Schülerinnen und Schüler erfassbar bzw. wird visualisiert					
2.	Methoden / Sozialformen des weiteren Unterrichtsverlaufs werden erläutert					
3.	Schülerinnen und Schüler wirken interessiert; sie sind aufmerksam, motiviert; Schüler wissen, was sie tun sollen					
4.	Schülerinnen und Schüler ist Verhaltensweise des Lehrers bekannt (Ritualisierung); keine ungewöhnlichen Reaktionen seitens der Schülerinnen und Schüler					
5.	Sprache, Material und Medien sind schülergerecht aufbereitet; Schülerinnen und Schüler beginnen unmittelbar mit der Erarbeitungsphase					
6.	Phase der Überleitung greift den Unterrichtseinstieg auf					
7.	Unterrichtseinstieg führt Schülerinnen und Schüler mittels Überleitungsphase zur Erarbeitungsphase					
8.	Veranschaulichung durch Beispiele aus dem Alltag der Schülerinnen und Schüler; Beispiele aus der Lebenswelt werden thematisiert					
9.	Inhalte besitzen einen lebensbedeutsamen Kontext für die Schülerinnen und Schüler					
10.	Lehrerin / Lehrer ist kreativ; Lehrerin / Lehrer problematisiert					
11.	Schülerinnen und Schüler sind aufmerksam, aktiv und engagiert					
12.	Schülerinnen und Schüler bringen ihre Vorkenntnisse und Voreinstellungen in den Lernprozess mit ein; »Lehrer holt die Schülerinnen und Schüler dort ab, wo sie stehen«					
13.	Lehrerin / Lehrer verarbeitet die Antworten der Schülerinnen und Schüler im Unterrichtsgespräch					
14.	Lehrerin / Lehrer macht, singt und spielt vor; Lehrerin / Lehrer experimentiert					
15.	Durchschnittliche Anzahl gleichzeitiger Schülerbeteiligungen während des Unterrichtseinstiegs	0 - 5		5 - 10	> 10	
16.	Durchschnittliche Zeitspanne des Unterrichtseinstiegs	0 - 3 Min.		3 - 5 Min.	> 5 Min.	

Abbildung 47: Kriterien-gestützter Beobachtungsbogen.

9.2.2 Das Wortprotokoll

Im Rahmen eines Wortprotokolls werden sämtliche sprachliche Äußerungen des Unterrichtseinstiegs aufgelistet. Da hierbei oftmals ein umfangreiches Datenmaterial entsteht, kann auch mit Tonband- oder Videoaufzeichnungen gearbeitet werden. Solche Aufnahmen besitzen den Vorteil einer präzisen und wahrheitsgetreuen Dokumentation von Ergebnissen. Durch eine Videoaufnahme ist es zudem möglich, nicht nur verbale Aussagen, sondern auch die Mimik und Gestik sowie die Körpersprache von Personen festzuhalten. Des Weiteren ist die Bedeutung verbaler Aussagen auch durch Sprechgeschwindigkeit, Lautstärke und Tonfall bestimmt; somit lassen sich viele Situationen anhand von Bild- und Tonaufnahmen besser analysieren. Diese Art der Aufzeichnung ermöglicht zudem eine differenzierte Selbstreflexion, weil sich die Lehrperson während der Stunde auf die Schülerinnen und Schüler sowie den Unterrichtsinhalt konzentrieren kann und in der Regel erst im Anschluss an den Unterrichtseinstieg detailliert reflektiert. Durch die Distanz zu den Bild- und Tonaufnahmen lassen sich verdeckte Prozesse im Nachhinein einfacher analysieren. Für den Unterrichtseinstieg wäre das Wortprotokoll zu empfehlen, zumal es sich nur für einen kurzen Zeitabschnitt eignet.

9.2.3 Das narrative Protokoll

Narrative Protokolle sind umgangssprachliche Aufzeichnungen der Ereignisse mit wörtlichen Zitaten in Form einer Erzählung. Das narrative Protokoll wird als deskriptiver Fließtext verfasst und kann dann im Verlauf der Analyse mit eigenen Wertungen (Kodierungen) versehen werden. Dies sollte in direktem Anschluss an den Unterrichtseinstieg geschehen, um möglichst alle wichtigen Details zu erfassen. Das Protokoll sollte zudem so ausführlich geschrieben sein, dass es von Personen verstanden werden kann, die nicht unmittelbar am Unterricht teilgenommen haben. Falls Probleme bei der Zusammenstellung der Aufzeichnung entstehen sollten, besteht häufig die Möglichkeit, durch Gespräche mit den Schülerinnen und Schüler fehlende oder lückenhafte Erinnerungen abzugleichen. Durch ein narratives Protokoll können gegebenenfalls Missverständnisse zwischen der Lehrperson und den Schülerinnen und Schülern einfacher identifiziert werden. Die Lehrkraft kann dabei versuchen, das Verhalten der Schülerinnen und Schüler zu analysieren um daraus Konsequenzen für den weiteren Unterricht zu ziehen. Besonders aufgrund der zeitlichen Begrenzung des Unterrichtseinstiegs bietet sich die Anfertigung eines narrativen Protokolls als Dokumentation der Beobachtungsergebnisse an.

9.2.4   Das chronologische Protokoll

Das chronologische Protokoll dient der systematischen Dokumentation von Beobachtungseindrücken. Bei einem chronologischen Protokoll notiert der Beobachter zeitlich simultan zum Unterrichtseinstieg wichtige Beobachtungen in zeitlicher Abfolge. Tabelle 12 gibt eine Form des chronologischen Protokolls wider, wobei andere Darstellungen ebenfalls möglich sind. Die Anzahl der Spalten kann beliebig durch weitere zuvor genannte Kriterien der Beobachtung ergänzt werden, wie beispielsweise durch die Sozial- und Aktionsformen oder die eingesetzten Medien im Unterrichtseinstieg. Zudem kann auch die Spalte für die Kommentare zur Schüler-Lehrer-Interaktion in zwei Spalten für Lehrer- und Schülerhandeln differenziert werden. Je nach Ziel, Klassenstufe, Unterrichtsform, Fach oder Beobachtungsstil ist es erforderlich, die Gestaltung der Spalten auf die spezifischen Gegebenheiten entsprechend anzupassen (BÖHMANN & SCHÄFER-MUNRO 2008, SAUERBORN 2007).

Tabelle 12: Darstellungsform eines chronologischen Protokolls.

ZEIT	LEHRER-SCHÜLER-INTERAKTION	KOMMENTAR
09:05	*Lehrkraft legt Abbildung auf*	*Stummer Impuls?*
09:06	*4 Schülerinnen und Schüler melden sich*	*Lehrkraft wartet nicht lange genug (-)*

Die Kommentarspalte kann anhand folgender »Kodierungen« bearbeitet werden:
    + = positiv
    - = negativ
    0 = neutral
    ? = verstehe ich nicht
    ! = sehr wichtig		

9.2.5   Die Einzelbeobachtung des Lehrers

Neben der chronologischen Beobachtung des gesamten Unterrichtseinstiegs gibt es vielfältige Formen der systematischen Schwerpunktbeobachtung. Zunächst muss sich der Beobachter auf den Unterrichtseinstieg vorbereiten und einige Kriterien der Beobachtung auswählen. Die nachfolgende Übersicht in Abbildung 48 liefert Anregungen für mögliche Fragestellungen (vgl. GREVING & PARADIES 1996). Diese beispielhafte Auflistung dient als eine Art Orientierungshilfe und kann jederzeit um weitere Fragen ergänzt werden. Während der Durchführung des Unterrichtseinstiegs können die Beobachtungen stichwortartig notiert und wichtige Äußerungen wörtlich mitgeschrieben werden.

Checkliste zur Einzelbeobachtung der Lehrperson

- o Ist der Unterrichtseinstieg angemessen vorbereitet?
- o Weiß die Lehrerin / der Lehrer, was die Schülerinnen und Schüler interessiert?
- o Kann die Lehrerin / der Lehrer die Schülerinnen und Schüler ausgiebig motivieren?
- o Kann die Lehrerin / der Lehrer das Unterrichtsthema zum Thema der Schülerinnen und Schüler machen?
- o Besitzt die Lehrerin / der Lehrer die Fähigkeit, das Thema als interessante Frage zu formulieren?
- o Informiert der Lehrerin / der Lehrer die Schülerinnen und Schüler, was sie im Unterricht lernen sollen und können?
- o Ist der Verlauf des Unterrichtseinstiegs für die Schülerinnen und Schüler transparent?
- o Kennt die Lehrerin / der Lehrer die verschiedenen Alternativen von Unterrichtseinstiegen?
- o Setzt der Lehrerin / der Lehrer Rituale sinnvoll ein?
- o Nehmen die Schülerinnen und Schüler die Lehrerin / den Lehrer als Person ernst?

Abbildung 48: Checkliste zur Einzelbeobachtung der Lehrperson.

9.2.6 Die Einzelbeobachtung einer Schülerin bzw. eines Schülers

Die Einzelbeobachtung des Lehrers zählt ebenfalls zur Kategorie der systematischen Beobachtung. Eine dieser Möglichkeiten ist die strukturierte Beobachtung einer Schülerin oder eines Schülers (vgl. Tabelle 13). Durch ein protokolliertes Schema ist es für den Beobachter möglich, das Lern- und Arbeitsverhalten einer Schülerin bzw. eines Schülers zu begutachten. Des Weiteren kann so eine differenzierte Darstellung über das Unterrichtsverhalten erarbeitet werden. Zudem kann die Auswertung mehrerer Beobachtungsmomente Aufschluss über mögliche Mängel des eigenen Unterrichts geben.

Tabelle 13: Darstellungsform einer Einzelbeobachtung einer Schülerin / eines Schülers.

ZEITPUNKT IM UNTERRICHTS-EINSTIEG	MITARBEIT IM PLENUM	BETEILIGUNG AM UNTERRICHT	INTERAKTION DER SCHÜLERINNEN UND SCHÜLER	UNTERRICHTS-STÖRUNGEN
10:17 Uhr	k.A. (nicht vorgesehen)	sporadische Beteiligung nach Lust und Laune	keine Interaktion, da hoher Grad an Lehrerzentrierung	Schülerin lässt sich von einem Vogel ablenken

9.3   Auswertung von Unterrichtsbeobachtungen

So verschiedenartig die Beobachtungen des Unterrichtseinstiegs durchgeführt werden können, so unterschiedlich kann sich auch deren Auswertung gestalten, da die Kriterien für Unterrichtseinstiege individuell gewichtet werden können. Bei der Auswertung der Unterrichtsbeobachtung sollte zunächst der grobe Ablauf des Unterrichtseinstiegs zusammengestellt werden. Der Beobachter sollte dabei das Ziel verfolgen, den Unterrichtsprozess in seiner Gesamtheit verbessern zu wollen. Demnach sollten auch nur einige ausgewählte Verbesserungsvorschläge für den Unterrichtseinstieg angemerkt oder diese gemeinsam mit der beobachteten Person evaluiert werden. Die Aufzeichnungen aus den Unterrichtsbeobachtungen sollten nach Möglichkeit der beobachteten Person zur Verfügung gestellt werden, damit diese bei Bedarf noch einmal den Unterrichtseinstieg analysieren kann. Die Lehrperson kann mithilfe der Auswertung aus den Beobachtungen eine genaue Vorstellung über den Verlauf der Unterrichtsstunde sowie des Unterrichtseinstiegs bekommen.

Die Bewertung von Unterrichtseinstiegen ist von zahlreichen Faktoren abhängig, wie beispielsweise der Zusammensetzung der Klasse, dem Vorwissen der Schülerinnen und Schüler sowie der Art der Stunde (Einführung eines neuen Themas, weiterführende Unterrichtstunde nach bereits erfolgter Themenbesprechung usw.). Einige evaluierte Kriterien, wie z.B. die Reaktion der Schülerinnen und Schüler oder die Formulierung der Problem- oder Fragestellung am Ende des Unterrichtseinstiegs, lassen sich unmittelbar als positiv oder negativ einordnen. Reagieren die Schülerinnen und Schüler gelangweilt und werden durch mangelndes Interesse am Unterrichtsgegenstand unruhig, so lässt sich daraus schlussfolgern, dass der gewählte Unterrichtseinstieg nicht das gewünschte Interesse und den gewollten Forscher- und Entdeckerdrang bei den Lernenden hervorgerufen hat. Die Mitarbeit der Schülerinnen und Schüler sollte im Idealfall während sowie nach einem gelungenen Unterrichtseinstieg hoch und motiviert sein. Auch das Sozial- und Arbeitsverhalten einzelner Schülerinnen und Schüler gibt Aufschluss über die Qualität des Unterrichtseinstiegs. Die Form der Impulssetzung, die durch den Unterrichtseinstieg erfolgen kann, kann ebenfalls zur Bewertung der Qualität herangezogen werden.

9.4   Bewertungsbögen für Unterrichtseinstiege

Das Unterrichtsgeschehen besitzt eine komplexe Struktur und ist durch Merkmale wie Inhalte und Themen, Lernvoraussetzungen, Lernziele und Kompetenzen, Lernformen und Lernmethoden gekennzeichnet. Die Beobachtung sollte daher auf ausgewählte didaktische und methodische Aspekte beschränkt werden, da nicht alle Kriterien gleichzeitig analysiert werden können. Gerade für ungeübte Beobachter ist es von Vorteil, die Ergebnisse anhand eines Beobachtungsbogens festzuhalten. Der Bewertungsbogen sollte auf die Fragestellung angepasst sein und nicht zu viele Beobachtungsaspekte beinhalten, damit eine strukturierte und aussagekräftige Dokumentation des Unterrichtseinstiegs möglich ist (vgl. Abbildung 49).

BEWERTUNGSSBOGEN (ZIELPERSON: SCHÜLERIN/SCHÜLER)		
Nr.	Fragen	Einschätzung
1	Konnten die Schülerinnen und Schüler vor dem Unterrichtseinstieg über persönliche Bedürfnisse sprechen?	trifft zu 1 2 3 4 5 ☐ ☐ ☐ ☐ ☐ trifft nicht zu
2	Wurden die Schülerinnen und Schüler während des Unterrichtseinstiegs über den weiteren Verlauf der Unterrichtsstunde informiert?	trifft zu 1 2 3 4 5 ☐ ☐ ☐ ☐ ☐ trifft nicht zu
3	Wurden die Schülerinnen und Schüler durch den Unterrichtseinstieg ausreichend über das Thema informiert?	trifft zu 1 2 3 4 5 ☐ ☐ ☐ ☐ ☐ trifft nicht zu
4	Haben sich die Schülerinnen und Schüler durch das Unterrichtsthema in ihrer Lebenswelt angesprochen gefühlt?	trifft zu 1 2 3 4 5 ☐ ☐ ☐ ☐ ☐ trifft nicht zu
5	Wurden die Schülerinnen und Schüler motiviert, sich auf das Thema der Unterrichtsstunde einzulassen?	trifft zu 1 2 3 4 5 ☐ ☐ ☐ ☐ ☐ trifft nicht zu
6	Sind die verwendeten Medien und Materialien schülergerecht aufgebaut?	trifft zu 1 2 3 4 5 ☐ ☐ ☐ ☐ ☐ trifft nicht zu

Abbildung 49: Bewertungsbogen für Unterrichtseinstiege.

Die Bewertung des Lehrerverhaltens stellt einen weiteren wichtigen Aspekt der Beobachtung von Unterrichtseinstiegen dar. Hierzu soll vornehmlich die Persönlichkeit der Lehrperson eingeschätzt werden. Ist die Lehrperson hektisch oder ruhig? Wirkt das Auftreten überzeugend und authentisch oder unseriös und unvorbereitet? Ebenfalls wichtig für den Unterrichtseinstieg sind das Maß der Einbringung, die Sprache sowie die Körpersprache. Nicht vergessen werden sollten mögliche Abweichungen von der eigentlichen Planung des Unterrichteinstiegs. Zu bewerten ist dabei, inwieweit die Lehrerin oder der Lehrer auf die Notwendigkeit einer solchen Abweichung vorbereitet ist und ob die Alternative von den Schülerinnen und Schülern angenommen wird. Mit dem Bewertungsbogen (vgl. Abbildungen 49 und 50) werden zahlreiche Kriterien, Funktionen und Zielsetzungen des Unterrichtseinstiegs reflektiert. Einige Felder können bereits unmittelbar während des Unterrichtseinstiegs ausgefüllt werden, da der Bewertungsbogen eine starke Strukturierung aufweist.

BEWERTUNGSBOGEN (ZIELPERSON: LEHRERIN/LEHRER)		
Nr.	Fragen	Einschätzung
1	Wurde Raum gelassen für unterrichtsfremde, schülerspezifische Angelegenheiten? (positives Arbeitsklima)	trifft zu 1 2 3 4 5 ☐☐☐☐☐ trifft nicht zu
2	Wurde ein Orientierungsrahmen für die Schülerinnen und Schüler geschaffen?	trifft zu 1 2 3 4 5 ☐☐☐☐☐ trifft nicht zu
3	Wurden Vorkenntnisse, Interessenlagen und Haltungen der Schülerinnen und Schüler berücksichtigt?	trifft zu 1 2 3 4 5 ☐☐☐☐☐ trifft nicht zu
4	Wurde eine sachbezogene und disziplinierte Arbeitshaltung bei den Schülerinnen und Schülern gefordert?	trifft zu 1 2 3 4 5 ☐☐☐☐☐ trifft nicht zu
5	Wurde durch den Unterrichtseinstieg ein handlungsbezogener weiterer Unterrichtsverlauf geschaffen?	trifft zu 1 2 3 4 5 ☐☐☐☐☐ trifft nicht zu
6	Wurde das Sprachniveau der Schülerinnen und Schüler berücksichtigt?	trifft zu 1 2 3 4 5 ☐☐☐☐☐ trifft nicht zu
7	Stimmt das Verhältnis zwischen Vorbereitungszeit, Materialaufwand und Erfolg des Unterrichtseinstiegs?	trifft zu 1 2 3 4 5 ☐☐☐☐☐ trifft nicht zu

Abbildung 50: Bewertungsbogen für Unterrichtseinstiege.

9.5 Fehler bei der Beobachtung und Bewertung

Die menschliche Wahrnehmung ist von persönlichen Vorerfahrungen geprägt. Bei jedem Versuch, eine Situation oder eine Person zu beobachten und zu verstehen, stellt sich das Problem, dass das reine Wahrnehmen und die Interpretation dessen sich nicht vollständig voneinander trennen lassen. Eine Fehlerquelle ist der subjektive erste Eindruck einer Person, einer Sache oder einer Situation. Er führt zu einem spontanen (Vor-)Urteil und beeinflusst die darauf folgenden Beobachtungen samt deren Bewertungen. Häufig empfindet der Beobachter für eine Person eine spontane Zuneigung oder Abneigung. Dies kann so weit führen, dass der Beobachter bereits im Vorfeld der Beobachtung ein bestimmtes Verhalten prognostiziert. Neben diesen

Beobachtungsfehlern, die durch den Beobachter selbst ausgelöst werden, können sich auch andere Fehlerquellen ergeben. So verhalten sich beispielsweise Lehrkräfte und Schulklassen in Beobachtungssituationen oft anders als in unbeobachteten Lernumgebungen. Andere Räumlichkeiten, der Einsatz von Mikrofon oder Kamera können das Verhalten aller an der Beobachtung teilnehmenden Personen stark beeinflussen. Die Literatur zur empirischen Sozialforschung definiert spezielle Gütekriterien für Beobachtungen und Testsituationen, die in Abbildung 51 dargestellt sind (LIENERT & RAATZ 1998). Die Gütekriterien wurden auf die Beobachtung und Bewertung von Unterrichtseinstiegen übertragen und können als Basis für die Vermeidung solcher Fehler herangezogen werden.

RELIABILITÄT	OBJEKTIVITÄT	VALIDITÄT
Genauigkeit der Beobachtung / Vergleichbare Ergebnisse bei Wiederholung der Beobachtung?	Unabhängigkeit der Beobachtung / Sind die Ergebnisse unabhängig vom Beobachter?	Gültigkeit der Beobachtung / Wird das beobachtet, was der Beobachter tatsächlich untersuchen möchte?

(Entwurf: T. Brühne 2011)

Abbildung 51: Gütekriterien zur Beobachtung von Unterrichtseinstiegen.

In der Theorie ist der Lehrperson oftmals bewusst, was ein Unterrichtseinstieg zu leisten hat und wie ein Unterrichtseinstieg zu planen ist. Doch vor einer Lerngruppe stehend, ergeben sich oftmals unerwartete Situationen, die die geplante Durchführung des Unterrichtseinstiegs als unrealisierbar gestalten. Insbesondere bei jüngeren oder temperamentvollen Lerngruppen stellt die Planung des Unterrichtseinstiegs eine Herausforderung dar, da diese methodisch oftmals noch nicht hinreichend geschult sind. Die in diesem Lehrwerk behandelten Unterrichtseinstiege besitzen exemplarischen Charakter – mit der Vorstellung soll kein Anspruch auf Vollständigkeit erhoben werden. Die Unterrichtseinstiege sollen vielmehr als Anregung dienen, der alltäglichen Routine oder dem tristen Unterrichtsalltag mit Kreativität und Vielfalt entgegen zu wirken. Die Klassifikation der Unterrichtseinstiege in lehrerzentrierte, schülerzentrierte und handlungszentrierte Unterrichtseinstiege dient der wissenschaftlichen Strukturierung und Systematisierung von Unterrichtseinstiegen. Keiner der Unterrichtseinstiegstypen soll dabei in unmittelbarer Konkurrenz zu dem jeweiligen anderen Typ stehen. Der lehrerzentrierte Unterrichtseinstieg steht beispielsweise in keiner Weise in methodischer Konkurrenz zum schülerzentrierten oder handlungszentrierten Unterrichtseinstieg. Ein lehrerzentrierter Unterrichtseinstieg ist beispielsweise durch eine vergleichsweise hohe Dominanz und Präsenz der Lehrperson in den Anfangsminuten des Unterrichtens gekennzeichnet. Diese oftmals thematisch-inhaltlich vorgegebene Dominanz kann jedoch stark schülerorientiert aufgebaut sein, womit sich mögliche negative Behaftungen gegenüber frontalen Unterrichtsphasen leicht relativieren lassen (GUDJONS 2007). Grundsätzlich ist die Wahl des passenden Unterrichtseinstiegs von den Lehr- und Lernvoraussetzungen der Schülerinnen und Schüler, dem vorherrschenden institutionellen Rahmenbedingungen sowie der thematisch-inhaltlichen Struktur des Unterrichtsgegenstands abhängig. Eine rein methodisch-motivationale Begründung für die Wahl des Unterrichtseinstiegs bietet insgesamt wenig Vorteile für den weiteren Unterrichtsverlauf, da die Unterrichtsstunde zwar in Phasen zerlegt werden kann, letztlich immer aber als ganzheitliches Konstrukt geplant und durchgeführt werden sollte.

Die Fülle an vorgestellten Anregungen zur Gestaltung von Unterrichtseinstiegen zeigt, dass es nicht den einen mustergültigen Unterrichtseinstieg gibt, sondern die Lehrperson bei jeder zu planenden Unterrichtsstunde vor die Entscheidung gestellt wird. „Die Einstiegsvariante gibt es nicht. Nach dem Motto „Vielfalt statt Einfalt" sollte hier je nach den Erfordernissen variiert werden" (KÖHLER-KRÜTZFELDT 1999, S. 26). Es ist ein Balanceakt, alle Schülerinnen und Schüler mit dem jeweils passenden Unterrichtseinstieg anzusprechen, da jeder Lehrperson, jede Schülerin und jeder Schüler sowie jeder Klassenverband eine andere Charakterisierung mit sich bringt.

Deshalb sollten stets möglichst abwechslungsreiche Unterrichtseinstiege ausgewählt werden. Der eingesetzte Unterrichtseinstieg sollte zudem zur Lehrerpersönlichkeit passen, da eine überzeugte und selbstsichere Lehrkraft viel stärker motivierend auf die Schülerinnen und Schüler wirken kann. Zudem sollten idealerweise die Schülerinnen und Schüler so weit wie möglich selbst aktiv handelnd in den Unterrichtseinstieg einbezogen werden. Indem die Schülerinnen und Schüler beispielsweise den Unterrichtsgegenstand durch Fragestellungen, Spekulationen oder Hypothesenbildung selbstständig erschließen können, entwickeln sich bei den Lernenden im Gedächtnis verschiedene Querverbindungen zu bereits bekannten Lerninhalten. Die dadurch erzeugten vielseitigen Verknüpfungen zu anderen Erfahrungen, die idealerweise mit sinnlichen Erinnerungen verknüpft sind, lassen den Unterricht insgesamt lebendiger werden.

Bei jedem Unterrichtseinstieg gilt es eine Reihe von Vor- und Nachteilen abzuwägen – der perfekte Unterrichtseinstieg existiert nicht, zumal Unterrichtsprozesse zu komplex sind, als dass diese in ihrem Verlauf explizit prognostiziert werden könnten. Die Vor- und Nachteile der einzelnen Unterrichtseinstiegsmöglichkeiten werden erst bei ihrer Anwendung im schulischen Kontext offensichtlich und variieren stark. Bei der Auswahl an Unterrichtseinstiegen sollte immer die Frage gestellt werden, welches Ziel mit dem verwendeten Unterrichtseinstieg erreicht werden soll. Sollen die Schülerinnen und Schüler motiviert, informiert, interessiert, mobilisiert, überrascht oder herausgefordert werden? Darüber hinaus sollte berücksichtigt werden, dass sich nicht jeder Unterrichtseinstieg für jedes Unterrichtsthema eignet. So ist die Originale Begegnung beispielsweise zwar ein äußerst lebensnaher und wahrnehmungsintensiver Unterrichtseinstieg in ein Thema, der jedoch nur bei einem lokalen Bezug des Themas realisierbar ist. Des Weiteren ist es erforderlich, die Schülerinnen und Schüler in ihrem Lernverhalten präzise einschätzen zu lernen. Häufig ergibt sich innerhalb des Klassenverbandes deutliche Leistungsunterschiede, die es bei der Wahl des Unterrichtseinstiegs zu berücksichtigen gilt. Es ist wichtig, die Schülerinnen und Schüler in ihrem Lern- und Leistungsspektrum weder zu über- noch zu unterfordern und alle gleichermaßen in das neue Thema bzw. den neuen Lerngegenstand einzuführen. Grundsätzlich gilt als wichtigste Regel, dass der Unterrichtseinstieg und der weitere Verlauf der Unterrichtsstunde immer eine harmonische Einheit bilden sollten.

Durch die systematische Umstellung einzelner Fächer hin zu einer verstärkten Ausrichtung im Sinne von Kompetenzvermittlung wird dem Thema Unterrichtseinstiege künftig eine wachsende Bedeutung zukommen, da mit einem durchdachten und motivations-anregenden Unterrichtseinstieg eine wesentliche Voraussetzung zur Anbahnung von Fähigkeiten und Fertigkeit im Unterricht geleistet werden kann. Schülerinnen und Schüler sollen heute möglichst selbstständig, kompetenzgeleitet und handlungsorientiert lernen, was ohne eine entsprechende Berücksichtigung bei der Planung eines Unterrichtseinstiegs kaum realisierbar sein wird. Galt es in der Vergangenheit für die Lehrkraft als eine Selbstverständlichkeit, seine exemplarischen Bildungsvorhaben und Lerngegenstände den Schülern anschaulich im Unterrichtseinstieg zu präsentieren, so neigt die Lehrkraft des 21. Jahrhunderts dazu, dieses wertvolle didaktische Element des Unterrichtens zu vernachlässigen. Durch die starke Orientierung an der Lebens- und Alltagswelt im Unterrichtseinstieg können die notwendigen pädagogischen Zugänge zu den Schülerinnen und Schülern des 21. Jahrhunderts erschaffen und somit kompetenzgeleitete Lernprozesse initiiert werden.

Die hier behandelten lernpsychologischen Annahmen über den Unterrichtseinstieg samt deren funktionalen Eigenschaften sind bislang kaum systematisch untersucht worden, sodass derzeit nur wenige theoretische Erkenntnisse zur Thematik vorliegen. Von Seiten der pädagogischen Forschung bedarf es deshalb weiterer empirischer Untersuchungen, um die Wirksamkeit von Unterrichtseinstiegen für den Lernprozess weiter zu dokumentieren. Aus den Ergebnissen der pädagogischen Forschung ist derzeit zumindest die Erkenntnis abzuleiten, dass »echte Lernzeit« ein elementares Merkmal guten Unterrichts ist. Unseres Erachtens kann die lernpsychologisch eingeforderte »echte Lernzeit« jedoch nur durch einen anregenden und motivierenden Unterrichtseinstieg geschaffen werden, der das Interesse der Schülerinnen und Schüler am Unterrichtsgegenstand anregt. Sofern von Seiten der Bildungspolitik in den einzelnen Bundesländern zudem künftig der Entschluss getroffen werden sollte, den 45-Minuten-Rhythmus der Unterrichtsstunde zugunsten 60- oder 70-minütiger Unterrichtsmodelle zu ersetzen, so wird die didaktische Bedeutung von Unterrichtseinstiegen sicherlich weiter zunehmen.

ADAMS, S. (2008): Neue Phantasiereisen. München

ALBERT, M.; HURRELMANN, K. & QUENZEL, G. (2010): 16. Shell Jugendstudie. Jugend 2010. Frankfurt/Main

ARNOLD, R. (2007): Ich lerne, also bin ich: Eine systemisch-konstruktivistische Didaktik. Heidelberg

ATTESLANDER, P. (2008): Methoden der empirischen Sozialforschung. Berlin

BARANI, G. (2011): Empirische Untersuchungen zum Unterrichtseinstieg des Geographieunterrichts in der Sekundarstufe I. Koblenz (= unveröffentlichte Examensarbeit)

BOHL, T. & KUCHARZ, D. (2010): Offener Unterricht heute: Konzeptionelle und didaktische Weiterentwicklung. Weinheim

BÖHMANN, M. & SCHÄFER-MUNRO, R. (2008): Kursbuch Schulpraktikum: Unterrichtspraxis und didaktisches Grundwissen. Weinheim

BORTZ, J. & DÖRING, N. (2006): Forschungsmethoden und Evaluation. Heidelberg

BUDKE, A. (2007): Einstiege in Geographiestunden. In: Praxis Geographie 37 (1), S. 4 -7

BUDKE, A. & KANWISCHER, D. (2007): Spurensuche als Unterrichtseinstieg. Entdeckendes Lernen im Hamburger Hafen. In: Praxis Geographie 37 (1), S. 17 - 19

DECI, E. L. & RYAN, R. M. (2002): An overview of self-determination theory. In: DECI, E. L. & RYAN, R. M. (Hrsg.): Handbook of self-determination research. Rochester, NY, S. 3 - 33

DECI, E. L. & RYAN, R. M. (2000): Self-determination theory and the facilitation of intrinsic motivation, social development, and well-being. In: American Psychologist 55, S. 68 - 78

FLICK, U. (2007): Qualitative Sozialforschung. Reinbek bei Hamburg

FRANKE, A. & SCHRAMKE, W. (1985): Der schriftliche Unterrichtsentwurf. Ein Leitfaden mit Beispielen aus der Geographielehrer-Ausbildung. Oldenburg

FRITZ, A.; HUSSY, W. & TOBINSKI, D. (2010): Pädagogische Psychologie. München

GERRIG, R.J. & ZIMBARDO, P.G. (2008): Psychologie. München

GRELL, J. & GRELL, M. (2000): Unterrichtsrezepte. Weinheim u.a.

GREVE, W. & WENTURA, D. (1997): Wissenschaftliche Beobachtung: Eine Einführung. Weinheim

GREVING, J. & PARADIES, L. (1996): Unterrichts-Einstiege. Berlin

GUDJONS, H. (1999): Der Einstieg ist nicht der Anfang. Szenen aus der Praxis. In: Pädagogik 51 (3), S. 8 - 13

GUDJONS, H. (2007): Frontalunterricht - neu entdeckt: Integration in offene Unterrichtsformen. Bad Heilbrunn

GUDJONS, H. (2008): Handlungsorientiert lehren und lernen. Schüleraktivierung. Selbsttätigkeit. Projektarbeit. Bad Heilbrunn

HELMKE, A. (2006): Was wissen wir über guten Unterricht? In: Pädagogik 58 (2), S. 42 - 45

HELMKE, A. (2008): Unterrichtsqualität. Erfassen, Bewerten, Verbessern. Seelze-Velber

HELMKE, A. (2010): Unterrichtsqualität und Lehrerprofessionalität. Diagnose, Evaluation und Verbesserung des Unterrichts. Seelze-Velber

HOMBERGER, D. (2005): Lexikon Schulpraxis: Theorie und Handlungswissen für Ausbildung und Unterricht. Baltmannsweiler

HOPPENWORTH, U. (1992): Einfangen oder Anfangen? In: Pädagogik 34 (10), S. 34 - 37

HUGENSCHMIDT, B. & TECHNAU, A. (2009): Methoden schnell zur Hand: 66 schüler- und handlungsorientierte Unterrichtsmethoden. Seelze-Velber

JANK, W. & MEYER, H. (1995): Didaktische Modelle. Berlin

JANSSEN, B. (2008): Kreative Unterrichtsmethoden. Bausteine zur Methodenvielfalt – Wege zum guten Unterricht. Braunschweig

KLAUER, K.-J. & LEUTNER, D. (2007): Lehren und Lernen: Einführung in die Instruktionspsychologie. Weinheim

KLIEME, E.; AVENARIUS, H.; BLUM, W. et al. (2003): Zur Entwicklung nationaler Bildungsstandards. Bonn & Berlin

KLINGBERG, L. (1982): Einführung in die Allgemeine Didaktik. Berlin

KÖHLER-KRÜTZFELDT, A. (1999): Ich schreibe einfach das Thema an die Tafel. In: Pädagogik 26 (3), S. 24 - 26

KROHNE, H.W. & HOCK, M. (2007): Psychologische Diagnostik. Stuttgart

KUHN, H.-W. (2007): Karikaturen. In: BUNDESZENTRALE FÜR POLITISCHE BILDUNG (Hrsg.): Methodentrainung I. Bonn, S. 117 - 144

LACH, K. & MASSING, P. (2007): Die Einstiegsphase. In: BUNDESZENTRALE FÜR POLITISCHE BILDUNG (Hrsg.): Methodentrainung II für den Politikunterricht. Schwalbach/Taunus, S. 209-218

LANDMANN, M.; PERELS, F.; OTTO, B. et al. (2009): Selbstregulation. In: WILD, E. & MÖLLER, J. (Hrsg.): Pädagogische Psychologie. Heidelberg, S. 50 - 70

LANGHAMMER, R. (1999): Ein Einstieg vor dem Einstieg. In: Pädagogik 29 (3), S. 28 - 30

LEAT, D. (1998): Thinking Through Geography. Cambridge

LEAT, D. & NICHOLS, A. (1999): Mysteries Make You Think. Sheffield

LIENERT, G.A. & RAATZ, U. (1998): Testaufbau und Testanalyse. Weinheim

LIPOWSKY, F. (2007): Was wissen für über guten Unterricht? In: BECKER, G.; FEINDT, A.; MEYER, H.; ROTHLAND, M.; STÄUDEL, L. & TERHART, E. (Hrsg.): Guter Unterricht. Maßstäbe & Merkmale – Wege und Werkzeuge. Seelze-Velber (= Friedrich-Jahresheft XXV), S. 20 - 24

LIPOWSKY, F. (2009): Unterricht. In: WILD, E. & MÖLLER, J. (Hrsg.): Pädagogische Psychologie. Heidelberg, S. 74 - 101

LIPSKI, S. (1981): Wider den stereotypen Einstieg. In: Geschichtsdidaktik 6 (4), S. 397 - 407

MASSING, P. (2007): Unterrichtsphasen - Einführung. In: BUNDESZENTRALE FÜR POLITISCHE BILDUNG (Hrsg.): Methodentrainung II für den Politikunterricht. Schwalbach/Taunus, S. 205 - 208

MEYER, H. (1987a): Unterrichts-Methoden I: Theorieband. Berlin

MEYER, H. (1987b): Unterrichts-Methoden II: Praxisband Berlin

MEYER, H. (2003): Zehn Merkmale guten Unterrichts. Empirische Befunde und didaktische Ratschläge. In: Pädagogik 55 (10), S. 36 - 43

MEYER, H. (2004): Was ist guter Unterricht? Berlin

MÜHLHAUSEN, U. (1999): Das Schreckgespenst vom misslungenen Unterrichtsbeginn. In: Pädagogik 21 (3), S. 20 - 23

PARADIES, L. & MEYER, H. (1992): Einstieg in den Unterrichtseinstieg. In: Pädagogik 44 (10), S. 6 - 10

PORST, R. (2009): Fragebogen: Ein Arbeitsbuch. Wiesbaden

REICH, K. (2010): Systemisch-konstruktivistische Pädagogik: Einführung in die Grundlagen einer interaktionistisch-konstruktivistischen Pädagogik. Weinheim

RINSCHEDE, G. (2007): Geographiedidaktik. Paderborn

ROTH, H. (1963): Pädagogische Psychologie des Lehrens und Lernens. Hannover

SAUERBORN, P. (2007): Handbuch Schulpraxis. Grundlagen und Tipps für schulpraktische Ausbildungsphasen. Aachen

SAUERBORN, P. & BRÜHNE, T. (2010): Didaktik des außerschulischen Lernens. Baltmannsweiler

SCHIEFELE, U. (2009): Motivation. In: WILD, E. & MÖLLER, J. (Hrsg.): Pädagogische Psychologie. Heidelberg, S. 152 - 177

SCHMIDT-WULFFEN, W. & SCHRANKE, W. (1999): Zukunftsfähiger Erdkundeunterricht. Gotha

SCHNEIDER, G. (1999): Gelungene Einstiege. Voraussetzungen für erfolgreiche Geschichtsstunden. Schwalbach/Taunus

SCHULER, S. (2005): Mysterys als Lernmethode für globales Denken. Ein Beispiel zum Thema "Weltmarkt für Zucker". In: Praxis Geographie 35 (4), S. 22 - 27

SEEL, H. (1969): Das Vier-Phasen Modell. Linz u. Graz

STEIN, A. (1981): Der Einstieg im Geographie-Unterricht. Ansätze zu einer Typologie der Einstiegsformen. In: Praxis Geographie 11 (8), S. 298 - 304

STENGELIN, M. (2009): Karikaturen. In: geographie heute (271/272), S. 64 - 71

VANKAN, L.; ROHWER, G. & SCHULER, S. (2007): Dierecke Methoden - Denken lernen mit Geographie. Braunschweig

WAGENSCHEIN, M. (1975): Verstehen lernen. Weinheim / Basel

WEINERT, F.E. (2001): Vergleichende Leistungsmessung in Schulen – eine umstrittene Selbstverständlichkeit. In: WEINERT, F.E. (Hrsg.): Leistungsmessungen in Schulen. Weinheim u. Basel, S. 17 - 31

WELLENHOFER, W. (1997): Unterricht heute: Aufgaben - Möglichkeiten - Probleme. Ainring

WOOLFOLK, A. (2008): Pädagogische Psychologie. München